버림받은 왕자 **사도**

버림받은 왕자, 사도

ⓒ설민석 2015

1판 1쇄 인쇄 2015년 9월 11일
1판 1쇄 발행 2015년 9월 23일

지은이 설민석
펴낸이 황상욱

기획 황상욱 윤해승 **편집** 황상욱 윤해승 **교정** 이수경
디자인 최정윤 **마케팅** 방미연 이지현 함유지
홍보 김희숙 김상만 한수진 이천희
제작 강신은 김동욱 임현식 **제작처** 영신사

펴낸곳 (주)휴먼큐브
출판등록 2015년 7월 24일 제406-2015-000096호
주소 10881 경기도 파주시 회동길 210 1층

문의전화 031-955-1902(편집) 031-955-2655(마케팅) 031-955-8855(팩스)
전자우편 forviya@munhak.com
ISBN 979-11-955931-2-5 부가기호 03910

트위터 @humancube44   **페이스북** fb.com/humancube44

소통은 성군을 낳고, 불통은 역적을 낳는다

버림받은 왕자
사도

설민석 지음

아버지와 아들, 조선 최고最高의 부자父子이야기

2014년, 저는 영화 〈역린〉의 개봉에 맞춰 『역적의 아들, 정조』라는 책을 펴내면서 조선의 비극 3대(영조-사도세자-정조)에 더욱 관심을 갖게 되었습니다. 『역적의 아들, 정조』를 통해 조선 후기의 중흥을 이끈 성군으로서의 정조가 아닌 '인간 정조'의 모습을 살펴보고자 하였습니다. 역적의 아들로 왕이 되었던 남자, 왕위에 오른 후에도 끊임없이 정적들에게 위협을 받았던 왕, 그가 바로 정조였죠.

조선 최고(最高)의 자리에 있지만,

조선 최고(最苦)의 부자 관계를 맺은 비극 3대!

저는『역적의 아들, 정조』를 통해 비극 3대의 이야기를 시작하였고, 본 책인『버림받은 왕자, 사도』를 통해 비극 3대의 이야기를 마무리하고자 합니다. 비극 3대의 핵심 인물이자 애증으로 얽히고설켜 있는 아버지 영조와 아들 사도세자, 두 사람의 관계를 저만의 시각으로 정리하고 이야기하고자 합니다.

생후 1년 만에 세자로 책봉되어 조선 최연소 세자가 된 사도세자가 왜 결국 '뒤주 속 죽음'이라는 비극적 결말을 맞이하게 되었는지, 또한 아버지는 왜 단 하나뿐인 귀한 아들을 그렇게 대할 수밖에 없었는지 살펴보고자 합니다. 이를 통해 비극 3대의 이야기가 오늘날 우리에게 어떤 메시지를 전하고 있는지 생각해보는 계기가 되었으면 좋겠습니다.

저는 누구라도 쉽게 역사를 이해할 수 있도록 친근하고 즐거운 강의를 추구합니다. 따라서 역사적 상상력을 동원하여 제 강의의 장면들을 소설 형식으로 구성하였습니다. 또한 '한국사

전문가'라는 이름이 부끄럽지 않도록『조선왕조실록』과『한중록』, 『임오일기』등 다양한 사료와 연구 서적을 참고하였으며, 독자 여러분이 역사에 전문적으로 다가갈 수 있도록 보다 치밀하게 노력하였습니다. 그리고 책의 각 장면은 영화와 드라마의 제목을 차용하여 책의 내용을 조금 더 쉽게 이해할 수 있도록 구성하였습니다.

긴 호흡을 갖고 시작했던 비극 3대의 이야기를 이렇게 마무리지을 수 있었던 것은 많은 분들의 도움이 있었기 때문에 가능하였습니다. 특히 변함없는 지지와 조언을 해주는 태건에듀 가족들, 이 책의 시작과 끝에서 늘 함께해주고 응원해주신 휴먼큐브 출판사의 황상욱 대표님과 편집부 여러분께 감사의 마음을 전하고 싶습니다.

제가 오랜 시간 동안 애정을 갖고 연구했던 영조와 사도세자의 이야기가 이번에 영화〈사도〉를 통해서 재해석된다고 합니다. 영화를 통해 아버지가 아닌 왕이 되어야 했던 영조와, 세자가 아닌 아들이고 싶었던 사도세자의 이야기를 절절하게 느낄 수 있을 것입니다.

마지막으로 이 책을 통해 제가 꿈꾸는 '한국사의 대중화' 목표에 한 걸음 더 내딛게 된 것 같아 행복합니다. 계속해서 이 마음 변치 않고 우리 역사와 함께하는 삶을 소망해봅니다.

2015년 가을의 문턱에서

설 민석

『버림받은 왕자, 사도』 사용설명서

이 책은 총 10개의 장으로 구성되어 있고, 각 장은 다시 3단계로 나뉩니다.

당신이 '역사 초심자'라면
각 장의 1부와 2부를 먼저 읽고 난 뒤, 3부를 나중에 정독하세요.
당신이 '역사 마니아'라면
책의 구성대로 정독한 후, 관련 참고문헌을 찾아 읽어보세요.

🔵1단계_ 영화와 드라마 제목으로 만나는 영조와 사도세자

: 소설 형식으로 영조와 사도세자의 이야기를 살펴본다.

영조와 사도세자의 갈등과 비극적 결말에 대해 인물과 사건을 중심으로 소설 형식으로 재구성했습니다. 영조의 출생과 어린시절, 영조의 콤플렉스와 뛰어난 업적, 가족관계, 늦둥이 아들에 대한 사랑과 실망, 부자(父子)의 비극적인 결말과 그 이후의 이야기를 시간 순서대로 살펴볼 것입니다. 영조와 사도세자의 이야기를 보다 생생하게 이해할 수 있는 기회를 놓치지 마세요!

장면 1.

비극의 역사는
밤에 이루어진다

비극의 시작, 숙종과 숙빈 최씨의 만남

'후우~'

해가 지고도 여러 식경이 지난 5월의 밤, 궐 안에는 경비를 위해 몇몇 병사들만이 오갔으며, 그들이 들고 다니는 작은 횃불이 닿는 곳만 잠시 밝아졌다 이내 어두워졌다. 낮은 이미 완연한 봄이건만, 밤의 궁궐에는 낮 동안 봄의 태양이 내뿜는 열기와 권력에 눈먼 인간들의 광기 섞인 욕망을 식히기에 충분한 찬바람이 불고 있었다.

"전하, 밤이 늦었습니다. 어딜 나가시려 하십니까?"

"내 오늘 이상하게 속이 답답하여 좀처럼 잠을 이룰 수가 없을 것 같구나. 잠시 머리를 식혀야겠다."

"예, 그럼 준비하도록 하겠습니다."

"아니다. 소란 피울 것 없다. 조용히 다녀오고 싶구나."

숙종의 뒤로는 몇 명의 내관과 궁녀들만이 평소보다 멀찍이 거리를 두고 뒤따랐다.

오늘은 유독 마음이 불편했다. 그토록 아끼던 세자의 문안도 여느 때와 달리 반갑지 않았다. 희빈을 마주하는 것은 이상하리만치 불편했다. 숙종은 하루 종일 정신이 다른 데 팔려 있는 사람 같았다. 머릿속에는 대신들의 말이라곤 하나도 남아 있지 않고, 뚜렷하지 않은 어느 여인의 모습만 맴돌았다. 그 여인이 누구인지 숙종을 알고 있었다. 하지만 그 흐릿한 모습을 선명히 보려고 하지 않았다.

'이제 와서 그 여인을 다시 떠올리는 것이 무슨 소용이겠는가? 다 내가 저지른 일 아니던가……'

장면 1. 비극의 역사는 밤에 이루어진다

숙종은 그렇게 흐릿한 기억을 더 이상 떠올리지 않으려고 했다. 깊은 숨을 들이쉬며 궁을 산책하던 숙종이 이내 걸음을 멈췄다.

"이곳은 중전의 거처가 아닌가?"

"예. 지금은 궐 밖에 계신 중전마마가 기거하시던 곳이옵니다."

"그런데 이 시간에 어찌 이곳에 불이 켜져 있단 말인가?"

"살펴보고 오겠습니다."

"아니다. 내가 가보겠다."

숙종은 중궁전으로 향하는 내관을 멈춰 세우고는 몸소 조심스레 발걸음을 옮겨 불빛이 새어나오는 문틈 사이에 눈을 갖다 댔다. 안에는 작은 체구의 여인이 부지런히 음식을 준비하고 있었다. 여인은 밖에서 누군가 지켜보고 있는 것을 눈치채지 못했다. 여인의 행동은 최대한 조용히 그리고 빠르게 하던 일을 마치려는 듯 보였다. 그렇다고 대충 준비하는 모습은 아니었다. 움직임은 조용하고 빨랐지만 음식을 다루는 손짓 하나하나에 정성이 묻어났다.

'누구한테 바치는 상이기에 저리도 정성스럽게 음식을 만드는 것일까?'

숙종은 궁금했지만 조금 더 지켜보기로 했다. 이내 작은 상에 음식이 모두 차려졌다. 소박하나 궁녀들이 밤참으로 먹기에는 꽤 격식을 갖춘 음식들이었다. 여인은 음식이 묻은 손을 닦고 옷을 바르게 고쳐 입었다. 그리고 상 앞에 무릎을 꿇고 두 손을 모아 빌며 낮은 목소리로 기도했다. 워낙 작은 소리여서 그 내용을 알 수는 없었으나 누군가에게 축원을 하는 것임은 분명했다. 꽤 긴 시간 동안 여인은 성심을 다해 기도를 올렸다. 기도가 끝나갈 무렵이 되자 그때까지 숨을 죽이고 안을 바라보던 숙종은 더 이상 궁금함을 이겨내지 못했다.

"누구를 위해 그렇게 성심성의껏 기도를 하는 것이냐?"

숙종의 목소리에 여인은 기겁을 하며 놀랐다가 이내 숨을 고르고 고개를 돌려 소리가 나는 곳을 쳐다보았다. 그러고는 더 크게 놀라 안색이 창백해져 아무 말도 못하고 바로 머리가 땅에 닿을 듯이 허리를 숙였다. 그도 그럴 것이 지금 여인의 앞에 있는

장면 1. 비극의 역사는 밤에 이루어진다

사람은 이 나라의 임금이었던 것이다. 무수리 신분인 여인이 감히 말을 섞기는커녕 뒷모습조차 똑바로 쳐다볼 수 없는 존재였다.

"무슨 일로 이 야심한 시각에 홀로 음식을 준비하고 기도를 하느냔 말이다."

숙종은 고개를 숙인 채 떨고 있는 여인에게 다시 한 번 나지막이 물었다. 여인은 고개를 들지 않은 채 입을 열어 대답했다.

"쇤네는 중전마마를 모시던 무수리이옵니다."

간신히 입을 열었지만 목소리는 심하게 떨렸으며, 말과 행동 하나하나에서 여인이 얼마나 긴장하고 있는지 여실히 알 수 있었다.

"오늘은 중전마마의 생신이옵니다. 마마께서 궐에 계실 때 이 천한 것에게도 항상 인자하셨으며, 작은 표정 하나도 그냥 넘기시는 법 없이 묻고 들어주시며 보살펴주셨습니다. 그런 마마의 성품에 늘 감사하여 뭐라도 보답하고 싶으나 이제 곁에 모시는

것도 허락되지 않기에 멀리서라도 약소하게나마 마마께서 즐겨
하시던 음식을 차려 대접하고 싶었습니다."

여인은 기절할 것 같은 마음을 간신히 다잡고 마침내 말을
마쳤다. 숙종은 고개를 끄덕이며 중얼거리듯 말했다.

"그랬구나! 오늘이 그 사람의 생일이었어."

숙종은 이제야 오늘의 이상한 기분이 이해되었다. 자신이
매몰차게 궐 밖으로 쫓아낸 인현의 생일이었던 것이다. 근래 들
어 몇 번이고 자신이 성급했던 것은 아닐까 하는 후회가 밀려들
었지만, 이제 와 되돌릴 수도 없는 노릇이란 생각에 마음속에 묻
어두고만 있었다.

"중전과 정이 많았던 모양이구나. 매년 이렇게 챙겨왔던 것
이냐?"

"네, 그러나 이제는 길이 없기에 보잘것없는 청이라도 간절
히 빌면 마마께 미약하게나마 도움이 될까 싶어서 조촐하게 상을
차렸습니다. 이 미천한 것이 전하의 심기를 불편하게 해드렸다면

장면 1. 비극의 역사는 밤에 이루어진다

용서하여주십시오."

임금이 쫓아낸 중전의 생일상을 차리고 그를 위해 축원한다는 것이 쉽게 넘어갈 만한 일은 아니었다. 숙종은 한참 동안 말없이 여인을 바라보았다. 여인은 꼼짝도 못한 채 숙종의 말이 떨어지기만을 기다리고 있었다.

"지금 너의 모습을 보고 말을 들으니 내내 막혔던 속이 풀리는 것 같구나. 정말 심성이 곱다. 너도, 중전도…… 기왕에 차린 상이니 내 맛을 보아도 되겠느냐? 종일 음식을 제대로 들지 못했더니 마침 시장하구나."

"미천한 무수리가 만든 음식을 어찌 전하께 올릴 수 있겠습니까? 분부 거두어주십시오."

"아니다. 네 마음 씀씀이를 보면 음식 또한 정성이 가득하여 맛있을 것 같구나. 내 이렇게 정성이 담긴 상을 언제 받아보았는지 모르겠다."

숙종을 따르던 내관과 궁녀들이 들어와 음식을 올릴 준비를 했다. 여인은 그 모습을 보고 인사를 올리고 물러가려고 했다. 그러나 숙종은 여인을 불러 앉히며 말했다.

"정성 들여 차린 음식이니 같이 앉아 축복하는 마음으로 들면 어떻겠느냐?"

장면 1. 비극의 역사는 밤에 이루어진다

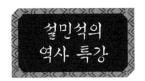

설민석의
역사 특강

지금 여러분은 영조-사도세자-정조로 이어지는 '비극 3대'의 시작을 보셨습니다. 3대에 걸친 비극을 이해하려면 우리는 먼저 숙종의 이야기부터 살펴보아야 합니다. 숙종과 그 여인들에 대한 이야기는 익히 들어보셨을 것이라 생각됩니다. 숙종과 인현왕후, 장희빈의 이야기는 영화나 드라마로 많이 만들어졌기 때문이죠. 본 장에서는 숙종이 아들 영조로 이어지는 비극적인 이야기와 어떤 관계가 있는지를 살펴보겠습니다.

숙종을 이야기할 때 빼놓을 수 없는 사람이 바로 인현왕후와 장희빈입니다. 둘은 모두 숙종의 왕비였으나 많은 부분이 달랐습니다. 먼저 인현왕후는 청순의 대명사입니다. 청순가련한 여성을 이상형으로 꼽는 분들 많으시죠? 인현왕후가 바로 그런 여인이었습니다. 얼마나 청순하고 단아했느냐면, 이분이 태어났을 때 온 마을에 향기가 나고 나비와 벌이 인현왕후가 태어난 집에 와서 날아다녔다는 이야기가 전해지고 있습니다. 태어날 때부터 꽃처럼 아름답고 향기로운 여성이었던 것이죠.

그러나 젊은 시절 숙종의 이상형은 인현왕후처럼 청순하고 정숙한 여자는 아니었나 봅니다. 여러분! 조선 시대를 통틀어 가장 예뻤던 여인은 누구였을까요? 황진이? 장녹수? 『조선왕조실록』에 기생 황진이의 이야기는 나오지 않아서 실록을 통해 알아볼 수는 없고, 연산군의 여자 장녹수의 외모에 대해서는 살펴볼 수 있습니다. 실록을 보면 장녹수의 미모가 그렇게 빼어난 편은 아니었다고 합니다. 대신 왕에게 사랑을 받을 수 있는 '매력'이 있었다고 이야기하고 있습니다. 그럼 조선에서 누가 가장 예뻤을까요? 단언컨대 장희빈이 으뜸이었습니다. 2077책에 달하는 『조선왕조실록』에서 여성의 아름다움을 나타낸 구절이 딱 한 구절 나오는데, 거기에서 언급하는 여인이 바로 장희빈입니다. 『숙종실록』을 보면 장희빈에 대한 기록이 나옵니다.

"장씨는 곧 장현의 종질녀(從姪女)이다. 나인(內人)으로 뽑혀 궁중에 들어왔는데 자못 얼굴이 아름다웠다."

_『숙종실록』17권, 숙종 12년(1686년) 12월 10일

이런 기록이 남아 있을 정도로 장희빈의 미모는 매우 빼어났다고 합니다.

그런데 여기서 주목해야 할 사항이 있습니다. 우리가 흔히 '장희빈'이라 부르는 희빈 장씨(본래 이름 장옥정)가 최고의 후궁뿐만 아니라 중전의 자리까지 오르게 된 것은 숙종의 총애만으로 이루어진 것은 아니라는 점이죠. 조선 시대 궁녀는 보통 경제적으로 여유가 없는 집에서 어린 여자아이를 궁으로 보내 궁녀로 만드는 경우가 많았기 때문에 대부분 어렸을 때 궁궐에 들어왔습니다. 그런데 장옥정의 삼촌 장현은 당시 역관으로서 많은 부를 쌓았습니다. 그러니 조카를 궁에 팔 이유가 없었죠. 그리고 장옥정은 다른 궁녀들처럼 어렸을 때 궁에 들어온 것이 아니라 스무

살에 들어옵니다. 조선 시대에 여자 나이 스물이면 아이 둘은 족히 낳았을 나이죠. 그렇다면 성숙한 여인이 궁궐에 나인으로 들어온 이유는 무엇일까요? 바로 전략에 의한 것이었습니다.

숙종이 왕좌에 올랐던 시기에 조정 대신들은 서인과 남인으로 나뉘어 있었고 그 대립이 매우 심했습니다. 숙종 집권 초기에는 서인들이 권력을 장악하고 있었는데, 이러한 위기 상황에서 남인들이 세운 묘책이 바로 '미인계'라고 할 수 있습니다. 장옥정이 너무 예쁘니까 남인들이 그녀의 미모를 이용한 것이죠. 그리고 장희빈의 후원자인 장현 역시 남인과 결탁한 상황이었고요. 즉 장옥정은 전략적인 공천을 통해 궁에 입궐한 것입니다.

장옥정을 처음 본 숙종은 첫눈에 반하게 됩니다. 궁녀 장옥정은 숙종의 총애를 받았고, 이후 후궁이 되어 왕자를 낳은 후 궁녀로서 오를 수 있는 최고의 자리인 빈(嬪)이 되죠. 그래서 우리에게는 장희빈의 원래 이름인 '장옥정'보다 '장희빈'이라는 명칭이 더 익숙하기도 합니다.

그런데 장희빈의 지위 상승 욕망은 빈의 자리에서 멈추지 않습니다. 게다가 숙종은 장희빈과의 사이에서 낳은 아들 윤(훗날 숙종의 뒤를 잇는 경종이 됩니다)을 세자의 자리에 앉히고자 합니다. 장희빈이 낳은 아들을 세자로 책봉하는 것에 대해 서인들이 가만히 보고만 있었을까요? 당시의 서인의 영수였던 우암 송시열은 맹렬히 반대했습니다. 송시열은 효종의 스승이었으며, 당대 엄청난 정치권력을 손에 쥔 인물이었죠. 그러나 천하의 송시열이라 해도 숙종은 이를 언짢게 생각했습니다. 게다가 숙종은 자신의 뜻을 반대하는 신하들을 언제든 직접 손봐줄 준비가 되어 있었습니다. 숙종은 "오래도록 집권하더니 눈에 뵈는 게 없느냐?" 하면서 송시열에게 사약을 내렸고, 송시열의 죽음과 함께 서인들이 몰락하게 됩니다. 이때 숙종의 조강지처인 인현왕후도 궁에서 쫓겨나지요. 그 당시 서인들이 인현왕후를 지지하고 있었기 때문입니다. 이와 반대로 남인들은 장희빈을 지지하고 있었습니다. 이러한 정치적 갈등과 궁중의 갈등이 뒤섞여 인현왕후가 쫓겨나고, 장희빈이 궁녀 출신으로는 유일무이하게 중전의 자리에 오르자 서인 영수 송시열이 목숨을 잃었고 많은 사람들이 파직 또는 유배되었고, 남인들은 권력을 장악하게 됩니다. 기사년(1689년, 숙종 15년)에 벌어진 이 사건을 '기사환국(己巳換局)'이라 부릅니다.

중전의 자리에 오른 장희빈은 그 누구보다 행복했고 이 행복이 영원하길 바랐습니다. 하지만 아름다운 외모는 결코 영원할 수 없습니다. 천하의 장희빈이라 할지라도 세월이 흐르면 젊은 시절의 빼어난 미모는 점점 사라지게 되죠. 그리고 가장 중요한 것은 숙종의 취향이 변하기 시작했다는 점입니다. 쫓아냈던 조강지처 인현왕후를 그리워하게 된 것이죠.

　　이런 가운데 숙종 앞에 또 다른 여인이 등장합니다. 바로 무수리 최씨입니다. 무수리는 궁궐의 최하층 천민으로 궁녀들의 옷을 빨아주는 여자들을 말합니다. 이름도 없이 그냥 '무수리 최씨'라고 불릴 정도로 낮은 계층입니다. 그런데 이 최씨가 바로 인현왕후의 직계 몸종이었습니다. 일설에 의하면 인현왕후가 궁궐에 입궐할 때 데려왔다고도 합니다.

　　장희빈이 중전의 자리에 오르고 시간이 얼마큼 지나 새 중전에 대한 숙종의 사랑이 식어갈 즈음, 숙종이 후원을 거닐고 있었습니다. 그런데 인현왕후 처소에 불이 켜져 있는 것을 발견하고는 무슨 일인가 하고 문을 열었더니, 어린 여자가 상을 차려놓고 기도를 하고 있었습니다. 알고 보니 그날은 인현왕후의 생일이었고 이를 기리기 위해 무수리 최씨가 상을 차려놓고 복을 빌고 있었던 것입니다. 이러한 무수리 최씨의 행동을 어여삐 여긴 숙종은 이후 무수리 최씨와 하룻밤을 보내게 되고, 이로 인해 무수리 최씨는 숙종의 아이를 임신하게 됩니다. 이 아이가 바로 연잉군, 훗날의 영조입니다.

한편 조강지처를 몹시도 그리워한 숙종은 결국 인현왕후를 다시 중전으로 앉히고자 했습니다. 때맞춰 서인들을 중심으로 인현왕후의 복위운동이 일어나기도 했고요. 그러자 당시 집권하고 있던 남인들의 입장에선 불안할 수밖에 없겠죠. 기사년에 서인들이 어떻게 목숨을 잃고 몰락했는지 똑똑히 봤을 테니까요. 그래서 남인들은 인현왕후의 복위를 막기 위해 서인들을 마구 탄압합니다. 그런데 이런 남인들의 행동이 숙종의 신경을 건드린 것입니다.

사실 숙종은 여러 차례 정치 판도를 바꾸면서 왕권 강화를 위해 노력한 임금입니다. 그래서 남인들이 오랫동안 집권하면서 세력이 커지자 남인 세력을 잠재우기 위해 또 한 번 정치판을 뒤바꿉니다. 즉 인현왕후를 복위시키면서 서인 세력을 다시 등용하고 남인들을 대대적으로 숙청하는데, 갑술년(1694년, 숙종 20년)에 일어난 이 사건을 '갑술환국(甲戌換局)'이라고 합니다.

갑술환국으로 남인들만 쫓겨났을까요? 장희빈의 중전 자리도 위태로워졌죠. 게다가 다시 인현왕후가 왔으니 중전 자리에서 물러나 본래 자신의 거처였던 취선당으로 향할 수밖에 없었습니다. 얼굴만 예뻤을 뿐 덕이 없던 장희빈! 하늘을 찌를 듯한 장희빈의 분노와 원망은 자연히 인현왕후에게로 향했습니다. 인현왕후가 죽어야 자신이 다시 중전의 자리로 돌아갈 수 있다고 생각한 것이죠. 장희빈은 무당을 불러 인현왕후를 저주하기 시작합니다. 그런데 조선은 유교 국가이고 그 중심이 바로 조선 왕실이기 때문에, 궁궐에 무당을 불러서 굿을 한다는 것은 절대 있을 수 없는 일이었습니다. 하지만 장희빈은 아랑곳없이 굿판을 벌이고 인현왕후를 저주합니다. 기막힌 우연인지, 아니면 정말 장희빈의 저주 덕분인지 인현왕후는 거짓말처럼 중전으로 복위하고 얼마 되지 않아 시름시름 앓다가 생을 마감합니다. 그런데 인현왕후가 죽은 후 숙종은 장희빈이 굿판을 벌이며 인현왕후를 저주했고 그로 인해 인현왕후가 세상을 떴다는 것을 알게 됩니다. 치솟는 분노를 견디지 못한 숙종은 장희빈의 죄를 낱낱이 파헤친 끝에 결국 장희빈에게 사약을 내립니다. 장희빈이 당시 세자의 모후였음에도 불구하고 그 죄를 용서할 수 없었던 것이죠.

　여기까지가 『조선왕조실록』에 기록된 내용이고, 이제 실록에 기록되지 않은 내용을 말씀드릴게요. 실록에는 장희빈이 사약을 먹고 죽었다고 나오는데, 『수문록』이라는 야사집에 의하면 장희빈이 "죽기 전에 세자에게 위해를 가해 병신으로 만들었다"는 내용이 나옵니다. 그런데 이 『수문록』은 장희빈이 죽을 당시 집권 세력이었던 서인들이 쓴 책입니다. 그래서 어떤 사람들은 장희빈이 곱게 사약을 마시고 죽었는데 서인들이 장희빈과 남인을 악하게 보이도록 만들기 위해 말을 지어냈다고도 하죠. 어쨌든 실록은 아니지만 이 또한 역사적 기록이기에 내용을 한번 살펴보도록 하겠습니다.

　『수문록』에 의하면 장희빈은 곱게 사약을 받아들지 않았습니다. 사약을 마시지는 않고 뒤집어엎고 난동을 부리니까 숙종이 사람을 시켜 문짝을 떼어오게 합니다. 가지고 온 문짝으로 장희빈을 누르고 입을 벌려서 강제로 사약을 먹였다는 겁니다.

그런데 우리가 역사 드라마에서 종종 보듯이 사약을 마신다고 그 자리에서 바로 죽는 것은 아니었습니다. 한 사발 마셨는데도 죽지 않으면 또 사약 한 사발을 마시게 했습니다. 그래도 안 죽으면 술을 마시게 했습니다. 술과 함께 독이 몸에 빨리 퍼지게 하려는 것이죠. 이렇게까지 해도 죽지 않을 때에는 결국 목매달아 죽였습니다. 이 정도로 당시 독약은 그리 강력하지 않은 수준이었고, 게다가 사람마다 체질도 다르니 장희빈도 쉽게 안 죽은 것이죠. 그래서 장희빈은 멱살을 잡고 같이 죽자고 몸을 비틀며 한참을 웁니다.

　　그렇게 난리법석을 떨던 장희빈이 "알겠다, 죽어줄 테니 내 아들 윤이 한 번만 보고 죽게 해달라"고 했습니다. 어미가 자식 한 번 보고 죽겠다는데 누가 말릴 수 있겠습니다. 그래서 세자 윤을 불렀는데, 어린 세자가 "어머니, 왜 그러세요? 무얼 마시고 계세요?"라고 묻자 장희빈이 세자를 끌어안으면 말합니다. "윤아, 이 어미는 너무 억울하구나. 이 어미는 붕당정치의 희생양이야. 내가 무슨 죄가 있니? 난 네 아버지를 사랑한 죄밖에 없어. 그런데 네 아버지란 사람, 여자를 너무 좋아해서 탈이야. 너도 그럴 걸? 그러니 이 어미가 그러지 못하게 해주겠다. 이리 오렴." 그러고는 자기 아들의 성기를 잡아당겼다는 겁니다! 이렇게 한바탕 난동을 부린 후에야 장희빈은 삶을 마감했습니다.

훗날 장희빈의 아들 이윤이 아버지 숙종의 뒤를 이어 조선 제20대 임금인 경종으로 즉위하지만, 몸이 많이 허약했고 후사가 없었습니다. 이때 경종의 후계자로 무수리 최씨의 아들인 연잉군이 왕세제가 되죠. 보통 왕의 아들이 후계자가 되기 때문에 '왕세자(王世子)'라 부르는데, 연잉군은 경종의 동생이었기 때문에 '왕세제(王世弟)'로 책봉됩니다.

한편 조정은 서인과 남인의 대립에서 노론과 소론의 대립으로 바뀌게 됩니다. 숙종 때 환국을 거치면서 남인 세력은 몰락하게 되었고 서인 세력만 남았죠. 이 서인 세력이 남인에 대한 강경파인 노론과 온건파인 소론으로 분화하게 된 것입니다. 노론과 소론의 대립 속에서 경종이 임금의 자리에 올랐습니다. 경종의 왕위 생활, 결코 순탄치 않았겠죠?

✵ 숙종과 환국 정치

숙종(1661~1720)은 조선 제19대 임금입니다. 그는 아버지 현종과 어머니 명성왕후 사이에서 외아들로 태어났습니다. 아버지 현종은 조선의 역대 왕 가운데 후궁을 한 명도 두지 않은 왕으로도 유명한데요, 따라서 숙종에게는 배다른 동생이 없었습니다. 자연히 세자로서 탄탄한 입지를 바탕으로 별 탈 없이 왕위에 올랐고, 13세의 나이에 즉위하여 무려 46년 동안 임금의 자리를 지켰습니다.

숙종은 어린 나이에 즉위했으나 흥미롭게도 수렴청정을 받지 않고 바로 나라를 다스렸습니다. 숙종은 '환국(煥局)'을 단행한 왕으로도 유명합니다. 환국은 말 그대로 정치 판도를 바꾸는 것을 의미합니다. 숙종이 집권하던 시기에 조정은 서인 세력과 남인 세력으로 나뉘어 있었는데, 숙종은 환국을 통해 서인과 남인을 쥐락펴락했고, 이때 등장하는 유명한 인물이 장희빈입니다.

❀ 인현왕후와 장희빈

숙종은 첫 번째 아내인 인경왕후 김씨가 후사 없이 천연두로 죽은 후, 계비繼妃, 임금이 새로 혼인을 해서 맞은 아내로 인현왕후 민씨를 맞았습니다. 인현왕후는 숙종의 어머니인 명성왕후와 서인의 영수 송시열의 추천으로 중전이 된 인물로, 서인 세력이 지지하는 왕비였죠. 그런데 인현왕후는 비록 중전이 되었어도 왕의 사랑을 받지 못했습니다. 왜냐하면 당시 숙종은 궁녀 장씨, 즉 훗날 장희빈이 되는 장옥정을 사랑하고 있었기 때문입니다.

숙종은 장희빈을 보고 한눈에 반했다고 합니다. 하지만 숙종의 어머니인 명성왕후는 장희빈의 출신이 천하고 품성이 바르지 않다는 이유로 장희빈을 궐 밖으로 내쫓았습니다. 그러나 명성왕후가 죽고 나서 숙종은 그녀를 다시 궁궐로 불러들이죠. 이런 장희빈을 당시 남인 세력이 지지하고 있었습니다. 따라서 숙종을 중심으로 인현왕후 쪽에는 서인 세력이, 장희빈 쪽에는 남인 세력이 자리를 잡은 정치 국면과 왕실 국면이 형성됩니다.

숙종의 총애를 독차지한 장희빈이 아들을 낳고 이후 중전의 자리까지 오르게 됩니다. 이 가운데 인현왕후를 지지하던 서인들이 대거 목숨을 잃었고, 동시에 왕비였던 인현왕후는 폐서인이 되어 궁궐 밖으로 쫓겨나게 됩니다. 그러나 시간이 흘러 장희빈에 대한 숙종의 사랑이 식고 임금이 다시 인현왕후를 찾으면서 중전이었던 장희빈은 다시 후궁으로 강등되고, 인현왕후가 중전의 자리에 복위하게 됩니다.

후궁이 된 장희빈은 인현왕후를 죽이기 위해 신당(神堂)을 차려 저주를 퍼부었고, 인현왕후는 병으로 시름시름 앓다가 결국 사망합니다. 이후 장희빈의 비행 사실이 발각되면서 장희빈은 사약을 받고 죽게 됩니다.

✿ 인현왕후와 장희빈의 이야기를 담은 소설 『사씨남정기』

숙종, 인현왕후, 장희빈…… 이 세 사람의 이야기는 그 당시에도 크게 회자되었던 것 같습니다. 당대 문신이자 소설가인 서포 김만중이 쓴 『사씨남정기』는 숙종, 인현왕후, 장희빈의 이야기에서 소재를 끌어와 소설로 표현한 작품입니다. 인현왕후를 몰아내고 장희빈을 새로운 중전으로 맞이한 숙종의 모습은 소설 속 조강지처를 몰아내는 주인공의 모습과 매우 닮아 있습니다.

소설의 주인공인 명나라 사람 유연수는 15세에 장원급제를 하고 이후 인자한 사씨를 조강지처로 삼았지만, 사씨가 오랫동안 아이를 낳지 못하자 교씨를 첩으로 맞이합니다. 이후 교씨는 사씨를 모함하여 몰아내고는 심지어 남편인 유연수 역시 몰아내어 재산을 빼돌리죠. 뒤늦게 후회한 유연수가 조강지처를 찾고 첩인 교씨를 벌한다는 내용이 바로 『사씨남정기』입니다. 작품 속 유연수는 숙종을, 사씨 부인은 인현왕후를, 첩인 교씨는 장희빈을 빗대어 표현한 것임을 알 수 있습니다. 항간에는 궁녀가 이 작품을 숙종에게 읽게 하여 인현왕후를 복위시켰다는 이야기도 전해지고 있습니다.

✦ 장희빈의 최후를 기록한 『수문록』

『조선왕조실록』에서는 장희빈이 경종의 하초를 잡아당겼다는 내용이 발견되지 않습니다. 그렇다면 드라마 속의 장면은 어떻게 나온 것일까요? 실록에서는 본 내용을 살펴볼 수 없지만 조선 후기에 쓰인 『수문록』에서는 당시의 모습을 생생하게 기록하고 있습니다.

『수문록』은 조선 후기 문신인 이문정(李聞政)이 경종 재위 기간인 4년 2개월 동안의 기록을 들은 대로 기술한 책으로 일종의 야사집인데, 이 책의 앞부분에서 장희빈 사건을 기록하고 있습니다. 총 3권 3책으로 구성되어 있는 필사본이며, 현재 서울대 규장각에 소장되어 있습니다.

✦ 장희빈의 아들, 경종

조선의 제20대 왕인 경종(1688~1724)은 숙종과 장희빈의 아들로 태어났습니다. 4년 2개월의 짧은 재위 기간을 보냈지만, 그의 어머니인 장희빈이 매우 유명하고 이복동생이 바로 영조이기 때문에 드라마에 많이 등장하는 인물이기도 합니다.

장면 1. 비극의 역사는 밤에 이루어진다

경종은 숙종의 맏아들로서 일찍이 세자에 책봉되었으나, 어머니 장희빈이 비극적인 죽음을 맞이했기 때문에 위태로운 세자 생활을 해야 했습니다. 경종이 집권하던 시기는 서인이 노론과 소론으로 나뉘고 특히 이 두 정치 세력의 갈등이 매우 심했던 시기였습니다. 경종은 소론의 지지를 받고 있었고, 노론은 경종의 이복동생인 연잉군(훗날 영조)을 지지하고 있었죠. 게다가 경종은 후사가 없었기 때문에 결국 연잉군을 왕세제로 책봉하게 됩니다.

어머니의 죽음으로 인한 불안한 입지와 자신을 견제하는 노론 세력에 의해 경종의 건강은 더욱 악화되었고, 특히 즉위 4년이 되던 해에 건강이 급격히 나빠져 누운 지 며칠이 되지 않아 급서하였습니다. 그의 사망이 이복동생인 연잉군과 관련이 있다는 이야기가 오랜 세월 지속되었습니다.

참 좋은 시절

연잉군 이금(훗날의 영조)의 어린 시절

"어머!"

어디론가 정신없이 달려가던 소년이 돌부리에 발이 걸려 넘어졌다. 얼마나 크게 넘어졌는지 그 소리에 저녁 찬거리를 고르던 아낙이 놀라서 비명을 지르고 말았다. 소년은 동무들과 술래잡기를 하던 중이었는데 넘어지는 바람에 이미 동무들은 모래 먼지만 잔뜩 남기고 멀리 사라져버렸다. 소년이 또 술래를 해야 할 성싶은데, 그보다 먼저 어디 크게 다치지는 않았는지 살펴야 할 정도로 소년은 대차게 넘어졌다.

"애야, 괜찮니?"

"예, 아무렇지 않습니다."

소년은 이내 일어나서 옷을 툭툭 털어내고 사라진 동무들을 쫓아 달렸다. 아파서 주저할 법도 하지만 소년은 늠름했다. 보통 내기가 아닌 것 같았다.

그러고 보니 소년의 옷도 다소 남달랐다. 얼마나 험하게 다녔는지는 모르겠으나 여기저기 꿰맨 자국으로 성한 곳을 찾기가 힘들었고, 색은 누렇게 바래 원래 색을 잃은 지 오래였다. 보통의 또래 아이들의 옷과 다름없는 상태였다. 그런데 분명히 달랐다. 또래 아이들이 입는 무명옷과는 확실히 다른 옷을 입고 있었다. 그러고 보니 방금 전 넘어져서 찢어진 구멍 사이로 보이는 살결은 거무스름한 얼굴과 달리 유난히 하얀색을 띠고 있었다.

결국 소년은 동무들을 놓치고 말았다. 그렇게 한참을 달리고 난 뒤에야 소년은 찢어진 옷과 무릎에 난 상처를 살펴보았다. 그러고는 한숨을 깊게 내쉬고 집으로 발길을 돌렸다. 소년의 집은 저잣거리에서 그리 멀지 않은 곳이었다. 하지만 소년이 집으로 가는 길은 그리 짧지만은 않았다. 저잣거리를 지나면서 소년은 눈에 보이는 모든 것을 살뜰하게 살펴보았다. 아낙들이 찬거리로 어떤 것들을 사는지 지켜보았으며, 노리개를 사는 처녀와 파는 상인이 가격 흥정하는 것을 마치 제 물건이라도 사듯 온 신경을 곤두세우고 쳐다보았다. 그저 별 다를 것 없는 흔한 일상의 모습을 소년은 마치 공부라도 하듯이 눈으로 머리로 기억하고 있었다.

그렇게 한참이 지난 후에야 소년은 집에 다다랐다. 집에 들어오자마자 소년은 찢어진 바지를 벗어 들고 마루에 걸터앉았다. 그리고는 실과 바늘을 가지고 와서 아주 능숙하게 찢어진 곳을 꿰맸다.

"또 넘어진 거니?"

어머니의 물음에 소년은 멋쩍은 듯 웃고는 다시 바느질에 집중했다. 어머니 역시 항상 있었던 일인 것처럼 소년에게 미소를 한 번 보이고는 부엌으로 들어가 저녁 준비를 했다. 바느질을 마친 소년은 만족스러운 얼굴로 바지를 살펴본 후 다시 입었다.

그리고 방으로 들어가 책 한 권을 들고 나와 소리 내어 읽었다. 소년의 어머니는 소년의 책 읽는 소리를 들으며 음식 준비에 한창이었다.

이윽고 어머니가 저녁상을 내왔다. 저녁상이라고 해봐야 잡곡밥과 흔히 볼 수 있는 나물 몇 가지가 전부였다. 그래도 소년은 정말 맛있게 저녁을 먹었다. 밥을 먹자마자 다시 소년은 책을 읽기 시작했다.

"이 천한 어미 때문에 네가 고생이 많구나. 이렇게 살 아이가 아닌데……"

어머니는 생각했다. 귀한 피가 흐르는 소년이 천한 자신 때문에 제대로 대접받지 못하고 살고 있는 것 같아서 늘 미안했다. 자신이 이런 신분만 아니었다면 소년은 궁궐에서 좋은 스승에게 학문을 배우고 무예도 배웠을 것이다. 매 끼니 온갖 진수성찬이 가득한 상을 받았을 것이다. 하지만 자신 때문에 소년은 진수성찬은커녕 풀밖에 없는 밥상을 받고 있는 것이다. 좋은 스승은커녕 이미 수십 번도 더 읽어 외울 정도인 책을 읽고 또 읽는 것이다.

"어머니, 왜 그런 말씀을 하십니까? 저는 지금 생활에서 만족스럽지 않은 부분이 하나도 없습니다. 이렇게 어머니께서 해 주시는 밥을 먹고, 매일 아침저녁 어머니께 문안을 드릴 수 있는 것이 얼마나 큰 행복입니까? 한두 번 읽어서는 옛 선현들의 깊은 뜻을 익히 알 수가 없는데, 이렇게 여러 번 읽을 수 있으니 선현들의 깊은 뜻을 하나하나 모두 제 것으로 만들 수 있어서 이 또한 제게는 큰 기쁨입니다."

소년은 당당한 목소리로 어머니께 괜한 걱정 하지 마시라고 말씀드렸다. 소년의 말은 진심이었다. 이 소년은 바로 숙종의 아들인 연잉군 이금이었다. 그러나 어머니 최씨가 궁궐의 무수리였고, 소년이 태어났을 때는 이미 이복형인 이윤이 세자의 자리에 올라 있었기에 소년은 왕실 혈통으로 태어났음에도 궁궐이 아닌 민가에서 생활할 수밖에 없었다.

그러나 소년은 이 편이 오히려 다행이라고 생각했다. 어차피 자신은 절대 왕이 될 수 없는 처지이며, 왕이 되지 못하는 왕자들의 불행한 삶을 책 속에서 무수히 보아왔기 때문이다. 그래서 소년은 어머니와 함께할 수 있는 소박한 지금의 삶이 나쁘지

않았다. 풍족하지는 않지만 그럭저럭 원하는 공부를 하면서 살
수 있었고, 궁궐에 있을 때보다 훨씬 많은 시간을 동무들과 보낼
수도 있었다. 그리고 무엇보다도 어머니 곁에서 지낼 수 있다는
것이 소년에게는 가장 큰 위안이었다.

어머니를 안심시킨 소년은 다시 책을 읽어 내려갔다.

설민석의
역사 특강

장희빈의 아들인 세자 이윤이 왕이 되었습니다. 바로 조선 제20대 임금 경종이죠. 경종 쪽에는 어느 세력이 줄을 섰을까요? 서인에서 나뉜 노론과 소론 가운데 소론이 경종을 지지했습니다. 어머니의 비극적인 죽음을 목격한 왕, 게다가 경종은 몸까지 너무 허약했습니다. 실록의 기록을 살펴보면 경종은 신하들이 제시한 안건이나 의견에 대해 늘 "유념하겠소"라는 말만 되풀이했다고 합니다. 오죽하면 신하들이 "전하께서는 무슨 보고만 올리면 유념하겠다, 유념하겠다 하시는데 유념하겠다는 말로 해결된 것이 없고 결정된 것이 없으니 유념하겠다는 말을 거두어주십시오"
하고 이야기할 정도였습니다. 하지만 그 말을 들은 경종은 "유념
하겠소!"라고만 대답했죠.

경종의 건강이 악화되어 보위를 지키는 것조차 아주 불투명
해진 상황에서, 소론은 경종에게 붙어 있는 판국이고, 그렇다면
노론은 어디에 붙어야 할까요? 노론의 입장에서는 경종이 부담
스러웠습니다. 바로 자신들이 장희빈을 죽음으로 몰아넣었으니
까요. 따라서 경종의 뒤를 이을 차기 대권 주자를 물색할 수밖에
없었죠. 이때 이들이 주목한 사람이 바로 연잉군입니다.

연잉군! 그는 숙종의 아들이긴 하나 무수리 최씨 소생으로
천민의 자식이었습니다. 차기 대권 주자가 천민의 자식인 것은
아쉽지만 노론에게는 다른 대안이 없었습니다. 어쨌든 왕실의 피
가 흐르고 있으니 노론은 연잉군을 옹립하기로 합니다. 그래서
각종 드라마나 영화에서 작가나 감독들이 상상력을 발휘해 노론
이 연잉군을 마치 허수아비 왕으로 만든 것처럼 했던 게 바로 이
이유입니다. 연잉군이 아주 어릴 때부터 딱 달라붙어 있었죠.

킹메이커 작업을 시작한 노론은 경종에게 이야기합니다. "전하, 후사가 없으시네요? 그럼 세자 책봉을 할 수 없으니 세제 책봉을 하시는 게 어떻겠습니까?" "전하, 맨날 피곤해 보이십니다. 할 줄 아는 말이 '유념하겠소'밖에 없으십니까? 그러면 세제한테 정치를 맡기는 대리청정을 하시지요?" 이런 식으로 연잉군을 내세우는 겁니다.

마음이 상할 대로 상한 소론은 경종에게 이야기합니다. "전하, 저들이 전하를 능멸하고 있습니다. 그냥 두어서는 안 됩니다. 벌하여 주소서." 그리하여 경종이 신축년(1721년, 경종 1년)과 임인년(1722년, 경종 2년)에 노론을 혼쭐내준 신임옥사(辛壬獄事)가 벌어집니다. 노론이 제대로 당한 겁니다. 이후 연잉군과 노론이 반격을 하려는데 경종이 갑자기 승하합니다. 게장과 감을 먹고 나서 말이죠. 그래서 왕세제 연잉군이 왕이 되었으니, 그가 바로 조선 제21대 임금 영조입니다.

사실 영조는 어릴 때부터 왕의 후계자로 지목된 것은 아니었습니다. 이미 이복형 경종이 왕세자 자리에 올라 있었기 때문이죠. 또한 왕세제로 책봉되기 전 10여 년 동안 어머니인 무수리 최씨와 궐 밖에서 살면서 보통의 아이들처럼 일반 백성들과 뛰어놀며 지냈습니다. 임금 영조는 굉장히 검소했다고 합니다. 조선 최고의 자리에 있었음에도 몸에 밴 검소함을 계속 유지했고 좋은 비단옷을 입는 것을 꺼렸습니다.

영조는 백성에 대한 사랑이 깊었는데, 이는 본인의 사가 생활(궁궐 밖 생활)에서 비롯된 것이라고 종종 이야기했습니다. 백성들의 어려운 생활을 몸소 체험한 것이죠. 그래서 백성들이 무엇을 원하는지, 이에 따라 나라는 무엇을 해주어야 하는지를 이미 몸으로 깨달았던 임금이 바로 영조라고 할 수 있습니다. 그러나 실록에는 영조의 사가 생활에 대해 구체적으로 기술되어 있지 않습니다. 실록은 임금의 행적을 기록한 자료인데, 영조가 20대 중후반에 왕세제가 되었기 때문에 사가 생활에 대한 기록은 소략할 수밖에 없습니다. 대신 영조가 재위 기간에 "내가 사저에 있었을 때에……"라고 이야기하는 것을 통해 그 당시의 삶을 '추정'할 수 있고, 특히 그의 검소한 삶이 사가 생활과 관련되어 있음을 엿볼 수 있습니다.

❋ 영조의 어머니, 숙빈 최씨

숙빈 최씨는 숙종의 후궁이자 조선 제21대 임금인 영조의
어머니입니다. 전해지는 이야기로는 7세에 무수리로 궁궐에 입
궐했다는 설과, 인현왕후가 숙종의 계비로 간택되었을 때 12세
의 나이로 인현왕후를 따라 함께 입궐했다는 설이 있습니다.

"숙빈 최씨(崔氏)가 평상시에 왕비가 베푼 은혜를 추모(追慕)
하여, 통곡(痛哭)하는 마음을 이기지 못하고 임금에게 몰래 고(告)

하였다.”

_『숙종실록』35권, 숙종 27년(1701년) 9월 23일

『조선왕조실록』에는 장희빈이 인현왕후에 대해 저지른 비행을 숙빈 최씨가 숙종에게 알렸다고 나와 있습니다. 이를 통해 숙빈 최씨와 인현왕후의 관계가 두터웠다는 것을 알 수 있죠.

한편 숙종과 숙빈 최씨 사이에는 아들이 둘 있었는데, 큰아들은 태어난 지 두 달 만에 죽었고, 다음 해 다시 아들을 낳았으니 그가 바로 훗날 영조가 된 연잉군 이금(李昑)입니다.

숙빈 최씨는 인현왕후가 죽은 뒤에 숙종을 열심히 섬겼으나, 장희빈처럼 중전의 자리에 오르지는 못했습니다. 그 이유는 숙종이 장희빈과 같은 일이 또다시 발생할까 염려하여 후궁이 중전의 자리에 오르는 것을 법으로 금지했기 때문입니다.

조선 후기, 특히 선조 이후에는 왕비의 소생이 아닌 후궁의 소생이 왕위에 오른 경우가 많습니다. 그러나 숙빈 최씨와 같은 무수리의 소생이 왕위에 오르는 것은 결코 흔한 일이 아니었습니

다. 무수리는 궁중에서 청소, 빨래 등의 허드렛일을 담당했던 여자 종을 일컫습니다. 즉 천민이었던 것이죠.

왕실의 여인들은 대부분 양반가의 규수였습니다. 그렇기 때문에 역관의 딸이자 중인이었던 장희빈 역시 출신이 미천하다 하여 숙종의 어머니인 명성왕후가 꺼려했을 정도였죠. 그런데 숙빈 최씨는 중인보다 훨씬 낮은 신분인 천민입니다. 숙빈 최씨가 숙종의 아이를 임신하였을 때 시어머니인 명성왕후가 이미 세상을 떴기에 망정이지, 만약 살아 있었다면 숙빈 최씨는 엄청난 시집살이를 했을지도 모릅니다.

❀ 영조의 궁궐 밖 생활

영조는 1694년에 숙종의 차남으로 태어나 6세(1699년)에 연잉군에 책봉되었습니다. 어머니 숙빈 최씨를 25세(1718년)에 여의었고, 28세(1721년)에 이복형 경종의 후계자로 왕세제가 되었습니다.

영조는 왕세제가 되기 전 10여 년을 사저(궁궐 밖)에서 생활한 것에 대해 자부심이 있었는데, 『영조실록』을 보면 "내가 사저에 있을 때에……"라고 이야기하는 모습을 쉽게 찾아볼 수 있습니다.

"내가 사저(私邸)에 있을 때에 일찍이 말하기를, '교만은 빈천(貧賤)한 사람들이 하게 되는 것이 아니라 곧 부귀(富貴)한 사람들이 하게 되는 것이다. 부귀한 사람은 비록 마음이 교만하지 않아도 사람들이 교만한 것으로 알게 되기 쉬운 법이다' 하였으니, 이는 진실로 깊이 경계해야 할 것이다."

_『영조실록』10권, 영조 2년(1726년) 8월 5일

✤ 절약을 몸소 실천한 영조

궁궐 밖에서 생활하며 백성들의 삶을 가까이에서 지켜본 영조는 가장 높은 자리에 올랐음에도 채식 위주의 식습관을 유지했습니다. 많은 업적을 남겼던 세종대왕조차도 고기에 대한 사랑이 지극했는데 말이죠. 또한 영조는 절약 면에서도 솔선수범했습니다. 영조가 재위 20년에 병이 들어 진찰을 받을 때 당시 영조의 침실을 엿보았던 신하들이 아래와 같이 기록하고 있습니다.

"이때 임금이 목면으로 된 침의(寢衣)를 입고 소자모(小紫帽)

를 썼으며 이불 하나 요 하나가 모두 명주로 만든 것이었으며 병장(屛障)도 진설하지 않았다. 또 기완(器玩)도 없어서 화려하고 몸을 편하게 하는 제구가 여항(閭巷)의 호귀(豪貴)한 집에 견주어도 도리어 그만 못한 것이 있었다. 여러 신하들이 물러 나와 임금의 검소한 덕에 대해 찬탄하지 않는 이가 없었다."

_『영조실록』59권, 영조 20년(1744년) 5월 2일

    실록이 전하는 바와 같이 영조의 침실 모습은 왕의 침실이라고는 볼 수 없는 아주 소박한 모습이었습니다. 임금의 검소함에 신하들이 찬탄할 정도였다고 하니, 영조의 솔선수범과 검소함은 과연 으뜸이라고 하겠습니다.

천민, 왕이 된 남자

조선 최초의 천민 출신 임금

"승하 하셨습니다."

얼마나 시간이 지났을까? 굳게 닫힌 방문 너머로 어의(御醫)의 울음 섞인 짧은 한 마디가 새어나왔다. 경종 4년, 왕으로서의 짧은 생이 마감되는 순간이었다. 연잉군은 깊은 탄식과 함께 자리에서 무릎을 꿇고 엎드렸다. 만감이 교차하는 순간이었다.

경종의 병세가 잠시나마 회복되는 듯도 했다. 연잉군이 손수 진상한 게장과 감을 맛있게 먹었다. 오랜만에 식사를 제대로 마친 경종은 연잉군을 향해 미소를 보이기도 했다. 그러나 그것도 잠시, 경종은 다시 심한 복통과 설사를 앓기 시작했다. 그 후로 며칠 동안 좀처럼 기력을 회복하지 못했고 의식마저 희미해져 갔다. 이때 연잉군은 기력 회복에 좋은 인삼차를 진상했다. 인삼차를 마신 경종은 잠시 기력을 회복하는 것 같더니 이내 다시 앓기 시작했다.

경종은 다시 정신을 차릴 것이라 생각했다. 이미 여러 번 생사의 갈림길에서 그래도 대견하게 고비를 넘겨왔기 때문에, 이번에도 시간이 지나면 정신은 차릴 수 있으리라 생각했다. 하지만 이번에는 그 고비를 넘기지 못했다. 다급하게 들어간 어의는 끝내 경종의 임종을 준비하라는 말을 알려왔고, 연잉군을 비롯하여 왕실 식구들과 대신들이 모여와 숨죽여 상황을 지켜보고 있었다.

경종은 처음부터 건강한 왕이 아니었다. 왕세자 시절 어머니의 죽음을 목도한 뒤부터 경종의 몸은 날이 갈수록 쇠약해졌다. 병약한 왕세자를 두고 궁궐의 대신들 사이에서는 눈에 띄는 힘겨루기가 시작되었다. 노론은 경종이 몸이 약하니 후사가 없을 것을 대비하여 연잉군을 왕세제로 책봉해야 한다고 난리였다. 이것은 반역에 가까운 말이었다. 아직 젊은 왕을 두고 후사가 없을 때를 대비해야 한다는 말은 그들의 마음 한구석에 왕이 일찍 바뀌기를 바라고 있음을 우회적으로 드러내는 것이었다. 그럼에도 불구하고 노론은 주장을 굽히지 않았고, 결국 연잉군을 왕세제로 만들고야 말았다.

대신들 간의 권력 다툼에 난처해진 사람은 연잉군이었다. 애초에 연잉군은 자신이 왕이 될 수 있다는 생각을 해보지 않았다. 비록 숙종의 아들이기는 하나 어머니가 천민 출신이었고, 어려서부터 권력의 중심에서 멀리 떨어진 채 민가에서 일반 백성들과 다를 바 없이 살아왔다. 그랬던 연잉군이 경종의 뒤를 이어 왕이 될 수 있는 자리에 오르게 된 것은 연잉군 본인의 의지라기보다는, 자신을 옹립해 다시 권력을 잡아보려는 대신들의 의지가 더 크게 작용했다.

이런 상황이 난처했던 것은 경종도 마찬가지였다. 경종을 지지하던 소론 세력은 연일 연잉군이 마치 과욕을 부려 반정이라도 꾀할 것처럼 말했다. 늘 연잉군을 멀리하도록 했으며 조심하라는 말을 거르지 않았다. 이처럼 경종과 연잉군은 권력을 잃을까 두려운 신하들과 권력을 되찾을 욕망에 가득 찬 신하들의 다툼 속에서 어쩔 수 없이 서로를 멀리할 수밖에 없는 처지가 되었다.

사실 둘은 배다른 형제이지만 어려서부터 우애가 남달랐다. 태어나서 얼마 되지 않아 왕세자가 되었던 경종은 아버지 숙종은 물론이고 궁궐 내 모든 사람들에게 사랑을 받았고, 왕세자 자리에 걸맞은 대우를 받으며 자랐다. 그에 반해 연잉군은 어머니가 천민 출신이라는 이유로 왕의 피를 물려받음에도 왕자 대우를 제대로 받을 수 없었다. 오히려 따가운 시선을 피해 궁궐 밖에서 생활해야 했다. 그런 연잉군이 경종에게는 아픈 손가락이었다. 자신이 없었더라면 연잉군이 이렇게 천대받지 않았으리라 생각했던 것이다. 연잉군은 큰일을 해낼 수 있을 만큼 충분히 사려 깊고 현명했으며 예의 또한 바른 아우였다. 그래서 경종은 항상 연잉군에게 빚을 진 마음을 갖고 성심을 다해 보살피려 했다.

연잉군 역시 마찬가지였다. 누구보다 현명했기에 어떻게 처신해야 자신과 어머니, 그리고 형에게 이로울지를 항상 생각하고 행동했다. 몸이 약한 형이 늘 걱정되었고 경종이 아프다는 말을 들으면 모든 일을 제쳐두고 달려가 문안을 했다. 그렇게 두 왕자는 깊은 우애를 쌓아왔다. 그러나 권력에 눈먼 자들에게 중요한 것은 형제의 우애가 아니라 자신들의 안위와 명예뿐이었다. 그들의 어두운 욕망이 두 형제를 점점 멀어지게 했으며, 급기야 형제 사이에 무서운 소문을 만들어내기까지 했다.

경종의 임종을 지키기 위해 모인 수많은 사람들이 엎드려 곡을 하고 있었다. 연잉군도 그 사이에서 누구보다 크게 슬퍼했다. 겉으로 보기에는 모든 사람이 젊은 왕의 허망한 죽음을 슬퍼하는 것 같았다. 하지만 어떤 이는 앞으로 자신이 권력에서 멀어지게 될 것임을 슬퍼했으며, 어떤 이는 앞으로 자신이 권력의 중심에 들 것을 알았지만 드러나지 않도록 애써 마음을 누르고 있었다. 또 일부는 연잉군을 의심에 찬 눈으로 바라보고 있었다.

'진정 당신이 왕의 죽음과 관계가 전혀 없는 것이오?'

날카로운 눈빛이 보내는 질문이 연잉군에게 낙인처럼 찍혔다. 연잉군의 한숨은 더욱 깊어졌다. 연잉군은 왕이 되는 기쁨도, 형의 죽음에 대한 슬픔도 느낄 수 없었다. 이렇게 왕이 되는 것이 결코 좋은 일이 아님을 연잉군도 알고 있었다. 그리고 자신 앞에 얼마나 많은 장벽들이 있는지도 잘 알고 있었다.

'이대로 내가 왕이 되어도 괜찮은 것인가? 과연 나는 형님의 죽음과 전혀 관계가 없다 말할 수 있는가? 내가 아니라고 한들 사람들은 나를 믿어줄까?'

연잉군은 처음으로 자신의 존재에 대해 후회의 감정을 느꼈다. 곡소리는 더욱 커졌지만, 연잉군은 그 속에서 자꾸만 아주 희미한 웃음소리가 들리는 것 같았다.

설민석의
역사 특강

영조는 집권할 때 세 가지의 콤플렉스를 가지고 있었습니다. 첫 번째는 '천민의 자식'이라는 것입니다. 조선은 유교 사회입니다. 또한 정실이 낳은 맏아들인 적장자(嫡長子)를 매우 중시하던 사회였죠. 제17대 임금인 효종과 효종비가 죽었을 때, 왕실 가족 및 신하들의 상복 입는 기간을 두고 논쟁이 일어났습니다. 그 이유는 효종이 차남이었기 때문입니다. 중전의 소생임에도 차남이라는 이유로 상복 입는 기간을 둘러싸고 논쟁이 일어날 정도였죠. 그런데 영조는 후궁도 심지어 궁녀도 아닌, 궁녀의 옷을 빨

아주고 궐의 허드렛일을 맡아하는 무수리, 즉 천민의 소생입니다. 조선의 역대 임금 중에서 유일하게 천민 출신의 왕이 등장한 것입니다. 그러니 그 콤플렉스가 얼마나 크겠습니까? 태어날 때부터 한계를 안고 있었고, 어렸을 때는 왕이 될 줄 모르고 서민들과 뛰어놀던 사람이었습니다.

　　두 번째 콤플렉스는 자신의 배다른 형인 경종을 죽이고 왕이 됐다는 굴레를 뒤집어쓴 것입니다. 경종이 몸이 아프니 영조가 형님의 쾌차를 바라며 게장을 올리고 이어서 생감도 올립니다. 그런데 이 게장이 속이 안 좋은 사람에게는 다소 비리게 느껴질 수 있죠. 그래서 경종이 비린 게장을 먹고 복통을 앓고 설사를 심하게 했는데, 속이 아주 불편한 상태에서 게장과는 상극인 감을 먹었으니 경종의 속이 완전히 뒤집어지게 된 겁니다. 경종이 며칠 동안 기력을 되찾지 못하자 영조가 이번에는 인삼차를 올릴 것을 주장해 경종은 인삼차를 마십니다. 하지만 끝내 기력을 회복하지 못했고, 인삼차를 마신 다음 날 경종은 승하했습니다. 그렇다면 영조가 경종을 독살한 것일까요? 독살을 한 것인지 아닌지는 확답을 내릴 수 없습니다. 다만 영조가 어쨌든 형을 죽이고 왕이 됐다는 굴레를 뒤집어쓴 것은 명백합니다. 당시의 소문이 사실이라면 영조의 치명적인 약점이 될 테고, 사실이 아니라면 매우 억울한 일이지만요.

이복형 경종에 대한 독살설은 영조에게 큰 트라우마였습니다. 선왕을 독살했다는 것은 역모를 통해 왕의 자리에 오른 것이라고 인식될 수 있기 때문입니다. 그래서 영조 연간에 잦은 반란이 일어났는데, 경종 독살설에 의구심을 가진 강경파 소론에 의한 경우가 많았습니다. 특히 즉위 초반에 일어난 이인좌의 난은 영남 지방을 뒤흔든 강력한 사건이었습니다. 이인좌의 난 이후, 영조는 인재를 고루 등용하면서도 강경파 소론 세력은 멀리할 정도였습니다.

세 번째 콤플렉스는 영조 자신이 노론의 지지로 왕이 되었다는 것입니다. 천민의 아들이 왕이 된 것도 콤플렉스인데, 자신의 힘이 아닌 신하들의 지지로 왕이 되었으니 얼마나 입지가 약했겠습니까? 그래서 영조는 붕당에 관계없이 인재를 골고루 등용하고자 탕평책을 시행하죠.

'탕평'이란 유교 경전인 『상서(尙書)』 가운데 '무편무당 왕도

탕탕 무당무편 왕도평평(無偏無黨 王道蕩蕩 無黨無偏 王道平平)'에서 나온 말입니다. 어지러움(탕)을 다스린다(평)는 뜻입니다. 임금이 중심에 서서 중립적 입장에서 정국을 이끌어가는 것입니다. 어진 임금이란 무릇 정치에 치우침이 없어야 하는 법이죠. 영조가 이것을 대외적으로 천명할 정도였으니, 당시 신하들의 대립과 노론의 치우침이 얼마나 심했는지를 알 수 있습니다. 이 가운데 영조는 비교적 온건한 입장의 사람들만을 등용했습니다. 아무래도 자신이 노론의 지지로 왕이 되었기 때문에 노론에 대해 강경한 입장을 가진 소론 세력은 등용할 수 없었죠. 하지만 이것이 훗날 사도세자와의 갈등의 한 요소로 꼽히기도 합니다. 탕평책을 표방한 임금이었지만 아무래도 노론의 입장에 좀 더 무게가 실려 있을 수밖에 없었던 것입니다.

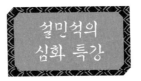

🏵 조선 최장수 왕

조선 제21대 임금 영조는 조선 최장수 왕으로서 83세까지 살았습니다. 31세에 즉위해 무려 52년 동안 집권했죠. 조선 임금들의 평균 수명이 46세라는 점을 고려하면, 영조의 장수가 얼마나 대단한 것인지 알 수 있습니다. 참고로 27명의 조선왕조 임금 중에서 환갑을 넘긴 왕은 겨우 5명인데, 영조(83세), 태조(73세), 광해군(68세), 고종(68세), 정종(63세)입니다.

그러나 왕으로서 영조의 삶은 그리 순탄하지 않았습니다. 조선 최초의 천민 출신 임금이었기 때문에 출신 성분에 대한 콤플렉스가 매우 심했고, 노론의 지지를 받아 즉위했기 때문에 '노론의 임금'이라는 멍에를 벗어던지기 위해 수많은 노력과 철저한 자기 관리가 필요했던 것입니다.

🏵 왕비가 되지 못한 왕의 어머니를 기리다

오늘날 청와대 뒤편에 궁이 하나 있습니다. 조선 시대 궁이라 하면 5대 궁궐로서 경복궁, 창덕궁, 창경궁, 경희궁, 덕수궁을 꼽을 수 있지만, 이외에도 서울에는 우리가 잘 알지 못하는 궁이 있습니다. 바로 일곱 개의 궁, '칠궁(七宮)'입니다.

칠궁은 조선의 역대 왕이나 왕으로 추존된 이들의 생모인 일곱 후궁의 신위神位, 죽은 이의 영혼이 의지할 자리를 모신 곳입니다. 칠궁이라는 이름을 갖게 된 것은 궁이 7개여서가 아니라, 7명의 신위를 모시고 있기 때문입니다. 즉 왕비가 되지 못한 왕의 어머니 7명의 신위를 모신 것이죠. 그곳에 모셔진 일곱 명의 후궁은 다음과 같습니다.

육상궁(영조의 생모, 숙빈 최씨), 연우궁(추존 왕 진종의 생모, 정빈 이씨), 덕안궁(영친왕의 생모, 순헌귀비 엄씨), 경우궁(순조의 생모, 수빈 박씨), 선희궁(사도세자의 생모, 영빈 이씨), 대빈궁(경종의 생모, 희빈 장씨), 저경궁(추존 왕 원종의 생모, 인빈 김씨)

본래 칠궁에는 처음부터 7명의 신위를 모신 것이 아니었습니다. 영조가 왕이 되자마자 자신의 어머니 숙빈 최씨를 위해서 궁을 지었고, 이후에 신위가 추가되어 1929년에 최종 7명의 신위를 모시게 된 것이죠. 영조가 왕이 되자마자 한 일이 어머니를 기리는 궁을 지은 것이니, 왕비가 되지 못한 어머니에 대한 영조의 효심을 엿볼 수 있는 일화라 할 수 있습니다.

❀ 경종 독살설과 이인좌의 난

경종이 승하하기 전, 당시 왕세제였던 연잉군은 이복형에게 게장과 감을 올렸습니다. 그런데 이후 경조는 급서를 하고 말았습니다. 당시의 사건으로 인해 영조는 소론과 남인들로부터 형을 죽이고 왕이 되었다는 비난을 끊임없이 받아야만 했습니다.

영조 4년(1728년)에 소론의 강경파와 남인 일부가 경종의 죽음에 영조와 노론이 개입되었다고 주장하면서 난을 일으켰습니다. 특히 이인좌는 청주에서 경종의 죽음이 자연스러운 것이 아니라 독살에 의한 것이며, 심지어 영조는 숙종의 아들이 아니라고 주장했습니다. 또한 경종의 죽음을 애도한다면서 상복과 비슷한 흰옷을 입었죠. 이러한 반란군의 존재는 영조의 정통성을 대대적으로 부정한 것이었으며, 이에 대한 영조의 분노는 당연히 높을 수밖에 없었습니다.

이인좌의 난은 발발 6일 만에 진압되었는데, 결과적으로 영남 지역이 조선 후기 정치에서 소외되는 결과를 낳았습니다. 난이 일어난 곳은 청주였지만, 관계자들 대부분이 영남 지역 출신이었기 때문입니다. 이 때문에 영조는 대구의 남문 밖에 평영남비(平嶺南碑)를 세웠고, 이를 통해 영남을 반역의 고향으로 삼았습니다. 이후 영남 지역 사람들은 영조 재위 동안 과거에 응시할 수 없게 되었습니다.

🏵 나주괘서사건(나주벽서사건)

1755년(영조 31년) 소론의 윤지(尹志)를 중심으로 한 반역 사건이 일어납니다. 나주괘서사건, 혹은 나주벽서사건, 을해옥사,

윤지의 난이라고 부릅니다. 윤지는 민심을 동요시키기 위해 나라를 비방하는 글을 썼는데, 이 가운데 영조의 정통성을 부정한 내용이 담겨 있었습니다. 이인좌의 난이 발발한 지 20년도 더 지난 시점에서 다시 영조의 정통성을 부정했다는 점에서 주목할 만한 사건입니다. 그러나 거사가 일어나기 전에 괘서가 발견되어 윤지는 서울로 압송되었고, 영조는 친국親鞫, 임금이 직접 죄인을 문초함을 했습니다. 그나마 남아 있던 소론파 일부가 이 사건에 대부분 연루되었고, 결과적으로 소론은 더 이상 재기가 불가능하게 되었습니다.

❀30년 동안 시달리던 독살설을 잠재우기 위해 『천의소감』을 편찬하다

영조는 즉위 31년에 『천의소감』의 저술을 지시하여 자신의 즉위에 대한 정당성을 대대적으로 알리고자 했습니다. 『천의소감』이란 1721년(경종 1년)부터 1755년(영조 31년)까지의 영조의 집권과 그 의의에 대해 저술한 책입니다. 특히 자신의 왕세제 책봉에 이상이 없었음을 밝히고, 영조가 경종의 뒤를 이어 즉위하게 된 과정을 보여주고 있습니다. 이를 통해 자신이 경종에게 게장을 보낸 것이 아님을 알리고 공개적으로 독살설을 부인하고자 했습니다. 즉 영조는 이인좌의 난을 진압했음에도 무려 30여 년 동안 이복형 독살에 대한 의심을 계속해서 받아왔고, 이를 잠재우기 위해 『천의소감』을 편찬한 것입니다.

장면 4.

왕 중 왕

영조의 업적과 철저한 자기 관리

"천세 천세 천천세!"

    백성들에 대한 영조의 관심과 사랑은 대단했다. 왕이 되기 전 민가에서 생활했던 영조는 어느 누구보다 백성들의 궁핍한 생활을 잘 알고 있었다. 그런 영조에게 왕실과 대신, 관리들의 호화로운 생활은 늘 마음에 가시처럼 박혀 있었다. 더욱이 몇 년간 계속된 흉작으로 백성들의 삶은 이루 말할 수 없을 정도로 피폐해지고 있었기에, 영조는 수라를 받는 것마저도 백성들에게 미안한 마음이 들었다.

"금주령을 내리는 것이 어떠한가?"

영조는 나지막이 대신들에게 의견을 물었다. 술을 만들고 마시는 것을 금하자는 것이었다. 영조는 술을 굉장히 좋아했다. 비단 영조뿐 아니라 대대로 조선의 임금들은 술을 즐겨하는 편이었다. 그런데 그런 영조에게서 금주령이라는 말이 나왔다.

"전하, 술은 자고로 과하지 않을 때는 피를 돌게 하여 몸을 깨끗하게 하고 병을 치료하기도 하옵니다. 특히 한방에서는 약재를 술로 만들어 약을 대신하게도 할 만큼 이로운 것입니다."
"전하, 술은 백성들에게도 중요한 것이옵니다. 술은 힘든 노동을 잊게 해주며, 적당한 취기는 기력을 내는 데도 역할을 합니다. 술을 금하는 것은 백성들에게도 좋지 않습니다."

대신들은 저마다의 이유를 대며 금주령에 대한 반대 의견을 말했다. 한참을 말없이 듣고 있던 영조가 대신들에게 물었다.

"경들은 하루에 몇 끼 식사를 하시오?"
"……세 끼를 먹고 있습니다."

"그럼 백성들은 하루에 몇 끼를 먹고 있는지 알고 있소?"

"……"

많은 대신들 중에서 백성들의 끼니에 관심을 가진 이는 단한 명도 없었다. 대신들의 침묵이 길어지자 영조가 다시 말을 이어갔다.

"백성들이 어찌 살고 있는지 관심을 두는 신료가 한 명도 없단 말이오? 경들은 대체 누구를 위해 일을 하고 있는 것이오? 나라를 위해? 과인을 위해? 아니면 경들 자신을 위해 일을 하는 것이오? 우리가 이렇게 모여서 의견을 나누는 것은 모두 백성을 위한 것이 아니었소? 그런데 정작 백성들의 생활에는 아무도 관심이 없으니……"

영조의 목소리는 격앙되었다.

"세 끼를 먹는다 했소? 백성들은 지금 하루 한 끼를 간신히 챙겨 먹는 지경이오. 그나마도 제대로 된 식사라 할 수 없는 것들이 대부분이고. 백성들이 이처럼 끼니도 제대로 때우지 못하는데 백성을 먹일 귀한 곡식으로 술을 담그는 것이 옳은 일이오? 술이 백성들이 일하는 데 도움이 된다고 했소? 지금 백성들 중에 곡식으로 끼니를 해결하지 않고 술을 만들어 먹는 자가 어디 있소?"

임금의 말에 누구도 반박할 수 없었다. 영조는 더욱 세게 말을 이었다.

"나라의 근본은 왕도 아니고 대신들도 아닌 백성이오. 백성이 편해야 비로소 나라가 바로 설 수 있는 것 아니겠소? 그런데도 백성들이 먹을 곡식으로 술을 만들어 마시고 풍류를 즐기는 것이 옳다고 생각하시오?"

영조는 이미 오랫동안 금주령에 대해 고민하고 또 고민해왔다. 그렇게 해서 내린 결론이었기에 막힐 것이 없었다. 대신들은 아무 말도 없었다. 어느 것 하나 틀린 말이 없었으며, 백성을 생각하는 마음 또한 그 깊이를 가늠할 수 없을 정도였다.

"경들은 잘 들으시오. 지금부터는 과인도 술을 한 모금도 입에 대지 않을 것이오. 그리고 당장 모든 고을에 곡식으로 술을 만

드는 행위, 술을 마시는 행위를 금지시킬 것이오. 이후 술을 만들

거나 마시는 자는 엄히 다스릴 것이며, 지위고하를 막론하고 그

책임을 추궁할 것이오!”

설민석의
역사 특강

"천세 천세 천천세!" 만세(萬歲)가 아니고 왜 천세(千歲)일까요? 만세는 중국에서 신하들이 황제에게 인사를 올릴 때 외치는 말이었습니다. 그리고 황제 아래의 제후들에게는 천세라고 외쳤습니다. 조선은 중국의 제후국이었기 때문에 만세가 아닌 천세를 외친 것이죠.

영조는 재위 52년 동안 수많은 업적을 쌓았습니다. 오늘날 영조를 아들을 죽인 '비정한 군주'로 여기기보다 조선의 중흥을 이끈 군주로 손꼽는 것은 그가 이룬 여러 업적 때문일 것입니다. 영조는 한마디로 왕 중의 왕이었습니다. 그는 치명적인 콤플렉스를 극복하기 위해 자기 관리를 철저하게 하고 공부에 더욱 몰두했습니다. 영조의 꼿꼿한 성격은 여러 일화에서 찾아볼 수 있습니다.

어느 날 영조가 업무를 보는데 신하가 방석 사용을 제의했습니다. 조선 시대 왕들은 보통 15시간씩 앉아서 업무 및 공부를 했습니다. 이 때문에 편하게 앉으시라고 신하들이 방석을 건넨 것이죠. 그런데 영조는 이것을 받아들이기는커녕 오히려 방석을 집어던져버렸습니다. "백성들이 불편하게 살아가는데 내가 어떻게 편히 살 수 있겠는가! 백성들의 고통을 생각하며 차가운 바닥에 앉겠다"라고 호통을 치며, 허리를 꼿꼿이 펴고 딱딱한 방바닥에 앉아 15시간씩 업무를 보았다고 합니다. 오늘날까지 영조의 어진이 남아 있는데, 영조의 그 강직한 성격이 얼굴에 고스란히 드러나는 것 같습니다.

그러면 영조의 업적을 살펴보도록 하겠습니다. 영조의 첫 번째 업적은 바로 탕평책 실시입니다. 영조는 아버지 숙종이 실시했던 탕평책을 계속 이어서 진행했습니다. 왕권을 강화하기 위함이었죠. 앞서 설명했듯이 영조가 왕위에 오르면서 노론이 집권 세력이 되었는데, 이에 분노한 소론 세력 가운데 이인좌라는 사람이 영조 4년, 1728년에 난을 일으켰습니다. 영조 입장에서는 깜짝 놀랄 수

영조어진(보물 제932호, 출처: 문화재청)

밖에 없었습니다. "어? 뭐야? 즉위하자마자 난을 일으켜? 이건 내가 천민의 자식이라고 날 무시하기 때문이야. 거기에 형을 독살했다는 소문까지 퍼졌다니! 왕권을 강화해서 더 이상 이상한 소리가 나오지 못하도록 해야지!"라고 결심을 하게 된 것입니다.

또한 영조는 백성을 사랑하는 군주였기에 백성들을 위해 많은 노력을 기울였습니다. 당시 백성들이 가장 고통받았던 것은 무엇이었을까요? 바로 '세금'이었습니다. 당시 조선에는 크게 세 종류의 세금이 있었습니다. 그중에서 '군포'는 군 복무(군역)를 대신해 국가에 납부하던 세금이었죠. 백성들은 16개월에 베 2필의

장면 4. 왕 중 왕

군포를 납부해야 했습니다. 그런데 베 2필이 백성들에게 큰 부담이 된다는 것을 알고 있던 영조는 '균역법'을 실시하여 군포를 과감히 1필로 줄입니다. 그렇다면 부족한 세금은 어떻게 채워야 할까요? 영조는 부족분을 채우기 위해 '가진 자'들에게 조세를 더 부담하도록 지시했습니다. 조선 후기에는 선세(船稅)와 어염세(魚鹽稅)라는 세금이 있었는데, 선세는 배를 부리던 사람이 내는 세금이고, 어염세는 생선과 소금 사용에 대해 내는 세금을 가리킵니다. 이것이 일부 왕실의 재산이 되었는데, 이 왕실 수입을 부족한 세금을 메꾸기 위해 내놓은 것이죠. 일종의 기부라고 할 수 있습니다. 또한 '선무군관포'라는 것을 만들어서 부자 농민이 납부하도록 하였습니다. '선무군관'이란 양인(良人)의 아들 중에서

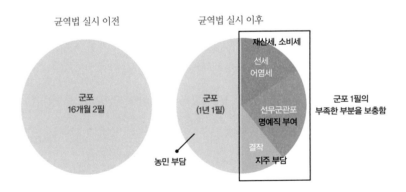

균역법 실시 이후 국세 수입 비율의 변화

새로 임명된 군관을 말합니다. 공식적인 관직이 아니라 명예직, 즉 이름뿐인 관직을 부여해 그 대가로 세금을 거두는 것입니다. 그리고 지주를 대상으로 '결작(結作)'을 징수하여 토지 1결당 쌀 2두씩 납부하도록 하였습니다. 이 내용에 대해서는 왼쪽의 표를 참조하면 좋을 것입니다.

영조는 근검절약을 생활화한 임금이었습니다. 왕의 자리에 오른 후에도 채식을 하며 음식을 적게 먹었고, 심지어 옷도 직접 꿰매 입을 정도였습니다. 이러한 검소함을 단순히 자신에게만 한정하지 않고, 백성들도 근검절약하도록 명을 내렸습니다. 그런데 그토록 검소한 영조도 제대로 막을 수 없었던 사치가 있었으니, 바로 여인들의 머리였습니다.

오늘날 사치라고 하면 좋은 가방, 좋은 차, 값비싼 보석 등을 들 수 있는데, 조선 시대 여자들이 호화로움과 아름다움을 동시에 표출할 수 있는 부분은 머리 모양이었습니다. 당시 여성의 풍성한 머리를 가체(加髢)라고 합니다. 말 그대로 자신의 머리카락 위에 새로운 머리카락을 더해 풍성하게 만드는 것, 요즘으로 치면 미용 가발이죠. 어떻게 보면 비행접시로 보이기도 합니다.

이렇게 머리를 풍성하게 하기 위해서는 많은 돈을 지불하면서 다른 여성의 머리카락을 사야 했습니다. 가난한 여인들이 머리카락을 잘라 팔면 돈 많은 여인이 사서 자신의 머리를 장식하는 데 사용하는 것이었죠. 따라서 가체가 크고 화려할수록 자신의 경제력을 뽐낼 수 있었습니다.

문제는 이 가체에 여러 가지 노리개, 장식품들이 많이 얹어지면서 점차 소 한 마리, 집 한 채의 값과 맞먹게 된 것이죠. 그 무게도 상당해서 가체 하나가 10킬로그램을 넘어설 정도였습니다. 예전에 제가 〈상의원〉이라는 영화에 대한 인터뷰를 했었는데, 그때 배우 박신혜 씨가 가체를 쓰고 연기하느라 목에 디스크가 올 뻔했다는 얘기를 할 정도였습니다. 실제로 가체 무게 때문에 피해가 발생하기도 했습니다. 시집갈 때 머리에 가체를 하고 있던 신부가 시아버지가 들어오니 인사를 드리고 고개를 들다가 목이 뒤로 꺾이는 바람에 목이 부러져 죽는 일이 벌어지기도 했습니다.

이처럼 가체의 값이 치솟고 여러 폐단이 심화되자, 근검절약을 몸소 실천하던 영조는 가체 금지령을 내리고 가체 대신 족두리를 쓰게 했습니다. 그런데 단순히 금지령을 내렸다고 해서 문제가 해결되지는 않았습니다. 아름다움에 대한 여성의 욕망이 법보다 위에 있던 것입니다. 게다가 국법으로 족두리를 쓰게 하니 가체를 쓰지 않는 대신 비녀를 꽂은 뒷머리를 전보다 크고 화려하게 장식하게 된 것이죠. 이에 대해 신하들이 훗날 정조에게 "전하, 여인들이 족두리를 쓰긴 하지만 그 뒤에 묶은 머리가 점점 커집니다. 엄히 다스리셔야 합니다"라고 보고를 할 정도였습니다. 하지만 정조는 "여인들이 아름다움을 추구하는 것을 어찌 국법으로 다스리겠느냐. 그냥 두어라"라고 이야기합니다. 결국 임금도 두 손 두 발 다 든 것입니다. 여성의 미에 대한 추구는 예나 지금이나 변함이 없음을 알 수 있는 대목입니다.

영조는 백성을 사랑하는 군주였습니다. 영조의 애민정신은 가혹한 형벌을 금지시킨 것을 통해서도 알 수 있습니다. 조선 시대 형벌이 얼마나 살벌했느냐면, 오늘날에는 범죄 의혹이 있는 사람은 경찰에서 조서를 쓰고 추궁을 하긴 하지만 그 단계에서 경찰이 위해를 가하지는 않죠. 또한 변호사를 선임할 수 있고 묵비권을 행사할 수도 있습니다. 인권 보호를 위한 조치이죠. 하지만 조선 시대에는 일단 추국(推鞫)에 들어가면 몸을 제대로 보존

할 수 없었습니다. 추국은 진실을 밝혀내기 위함이 아니라 원하는 대답을 듣기 위해 행하는 경우가 많았습니다. 드라마에서 보는 것처럼 주리 틀고 곤장 치는 건 기본이었습니다.

그리고 곤장을 맞아 죽는 경우도 많았습니다. 조선 시대와 고려 시대의 형벌은 크게 '태장도유사'의 5가지로 구성되는데, 볼기(엉덩이)를 치는 것이 태형, 이것보다 좀 더 큰 도구로 때리는 것이 장형입니다. 그다음이 감옥에 가두는 도형, 그다음으로 지방에 유배를 보내는 유형, 마지막 단계가 사형입니다. 형벌의 강도가 점차 세지죠. 그렇다고 해서 태형과 장형이 약한 형벌이라고 볼 수는 없습니다. 볼기를 많이 맞으면 살점이 떨어져 나가는 경우가 빈번했고, 또한 맞은 볼기에 독이 올라서 죽는 경우도 많았습니다.

그리고 여러 형벌 가운데 가장 무서운 것 중 하나가 '압슬(壓膝)'이었습니다. 압슬은, 바닥에 깨진 유리조각을 뿌려놓고 죄인을 그 위에 무릎 꿇려 앉힌 후 무릎 위에 맷돌과 같은 무거운 돌덩어리를 올려놓는 형벌입니다. 그런 상태에서 자백을 안 하면 돌덩어리를 또 올립니다. 계속 쌓아올리면 유리조각이 무릎 연골로 파고들겠죠. 그래서 거짓으로라도 진술을 할 수밖에 없도록 만드는 것입니다. 목매달아 죽이고 한 번에 목을 베어 죽이는 건 양호한 형벌이었습니다. 한순간에 목숨을 잃으니 고통 속에 서서히 죽어가는 압슬보다 낫다고 볼 수 있겠죠.

또한 사형 중에 가장 잔인한 건 '능지처참'입니다. 많이 들어 보셨죠? 능지처참이 뭘까요? 잘못 알려진 것이 있는데, 능지처참을 소나 말을 이용해 사지를 찢어 죽이는 '거열'과 혼동하는 경우가 있습니다. 능지처참은 정확하게는 사람의 피부를 한 겹 한 겹 포 뜨는 것입니다. 손, 발, 다리에서 조금씩 살을 베어내는 거죠. 그러다가 머리와 가슴 부위, 심장까지만 남겨두는 게 능지처참입니다.

영조는 이렇듯 잔인한 형벌들을 폐지시켰습니다. 죄인마저도 사랑한 애민 군주라고 볼 수 있습니다. 또한 영조는 3심제를 실시합니다. 오늘날 항고, 상소하는 것처럼, 사형수에 한하여 혹여 잘못된 판결로 인해 억울하게 목숨을 잃는 일을 방지하고자 3심제를 실시한 것이죠.

영조의 업적 중에 또 살펴볼 것은 『속대전』 편찬입니다. 조선 시대 최고의 법전은 바로 『경국대전』입니다. 그런데 조선왕조가 세워지고 수백 년이 지나면서 『경국대전』이 변화된 사회상을 제대로 반영하지 못하는 경우가 생기자, 『경국대전』의 속편을 제작하게 된 것입니다. 또한 『동국문헌비고』라는 백과사전의 편찬을 지시하는 등, 영조는 백성을 위해 정말 많은 업적을 남긴 임금입니다.

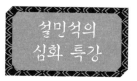

🏵 군역법 실시

조선 시대 국가에 납부하는 세금 중에 '역(役)'이라는 것이
있었습니다. 역은 국가에 제공하는 노동력을 의미하는데, 크게
군 복무의 의무를 가리키는 '군역'과 일반 노동력을 제공하는 '요
역'으로 구분되었습니다. 그중에서 군역은 16세 이상 60세 이하
의 양인(良人)에게 부과되었는데, 임진왜란 이후 군역을 하지 않
는 대신 군포 2필을 나라에 바칠 수 있게 되었고, 이것은 나라 재
정에서 큰 비중을 차지하게 되었습니다.

장면 4. 왕 중 왕

그러나 이 제도가 점점 문란해져, 돈이 있는 양인은 비리를 통해 군역을 면제받고 힘없는 양인들만 군역을 부담하는 폐해가 발생하게 되었습니다. 또한 군역 대상자 범위가 기존의 '16세에서 60세의 양인 남자'에서 벗어나, 사망한 사람에게 징수하는 백골징포(白骨徵布), 16세 미만의 어린아이에게 징수하는 황구첨정(黃口簽丁), 이웃과 친척에게 군포를 부담하게 하는 인징(隣徵)과 족징(族徵)이 발생했습니다.

이러한 군역의 폐단을 고치기 위해 조정에서 노력을 기울인 결과, 영조 대에 이르러 균역법을 실시하게 되었습니다. 균역법은 군역을 수행하는 대신 납부하던 군포를 1년에 베 2필에서 1필로 대폭 줄인 것을 말합니다. 농민들의 부담을 절반으로 줄인 것이죠. 그리고 부족한 세금은 가진 자들에게 더 부담하도록 했습니다. 그중에서 결작 징수는 오늘날의 '누진세' 개념과 비슷합니다. 여기서 '결(結)'은 토지의 면적 단위를 말합니다. 조선 시대에는 오늘날처럼 물리적인 공간으로서 토지 면적을 정하지 않고 곡물 생산량에 따라 면적을 정했어요. 즉 영조는 10결의 생산량을 낼 수 있는 토지를 가진 지주에게 20두의 쌀을 결작으로 납부하게 했습니다. 경제적으로 여유가 있는 지주들은 세금을 더 많이

낼 수밖에 없게 된 것이죠.

✦ 가체와의 전쟁

영조는 재위 32년에 양반가 부녀자들의 가체(어여머리)를 금지하고 족두리로 대신하도록 명하였습니다. 조선 여성들은 자신의 머리 위에 다른 사람의 머리카락으로 만든 가체를 썼는데, 머리카락의 양이 많고 풍성할수록 멋과 경제력을 뽐낼 수 있었기 때문에 자연히 가체의 값은 크기와 무게에 따라 올라갈 수밖에 없었습니다. 양반집 부녀자들의 사치가 날로 높아져 경쟁이 치열해지자, 이를 보다 못한 영조가 직접 가발을 금지하고 족두리를 쓰도록 한 것입니다.

"사족(士族)의 부녀자들의 가체(加髢)를 금하고 속칭 족두리(簇頭里)로 대신하도록 하였다. 가체의 제도는 고려 때부터 시작된 것으로, 곧 몽고의 제도이다. 이때 사대부가의 사치가 날로 성하여, 부인이 한 번 가체를 하는 데 몇 백 금(金)을 썼다. 그리고 갈수록 서로 자랑하여 높고 큰 것을 숭상하기에 힘썼으므로, 임금이 금지시킨 것이다."

＿『영조실록』 87권, 영조 32년(1756년) 1월 16일

✿ 술과의 전쟁, 조선 최장 기간 금주령!

금주령(禁酒令)이란 문자 그대로 '술을 금하는 법령'입니다. 금주령은 조선 시대 자주 행해졌는데, 그 이유는 술이 쌀로 빚어 졌기 때문입니다. 곡식 생산량은 곧 국력과 연결되었으며, 더욱 이 조선은 본래 농업을 중시하는 사회였기 때문에 농업 생산량은 매우 중요한 지표였습니다.

그런데 술을 빚기 위해서는 쌀을 깎는 도정 작업을 해야 하 고, 이는 자연스레 곡식의 낭비로 이어졌습니다. 더욱이 가뭄이 들거나 전쟁이 일어나 사람이 먹을 쌀도 없는데, 곡식으로 술을 빚어 낭비하는 것은 엄청난 사치가 아닐 수 없었습니다. 따라서 쌀의 생산량이 현저하게 줄어들면서 자연히 금주령을 내리게 되 었던 것입니다.

보통 금주령은 일시적으로 내려질 뿐, 쌀 생산량이 다시 높 아지면 으레 풀리기 마련이었습니다. 하지만 영조는 재위 기간 내내 금주령을 내렸습니다. 더욱이 영조는 조선 최장수 임금! 무 려 52년 동안 금주령이 지속되었던 것입니다.

그렇다면 백성들 중에 애주가들은 어땠을까요? 당시 평균 수명이 50년도 채 되지 않았다는 것을 감안하면 어쩌면 술을 입에도 대보지 못하고 죽은 사람이 꽤 많았을 것으로 추정됩니다. 그래도『조선왕조실록』을 살펴보면 금주령을 어긴 사례가 종종 나옵니다. 법을 어기면서까지 술을 마신 사람이 있었다는 것이죠.

영조는 금주령을 어긴 자를 엄벌에 처했습니다. 영조 38년에 윤구연이라는 사람이 금주령을 어겼는데, 당시 윤구연은 종2품의 남도 병마절도사였습니다. 오늘날로 따지면 차관급의 고위관료라고 볼 수 있습니다. 영조는 지위고하에 아랑곳 않고 직접 숭례문까지 나가 윤구연을 참하였으며, 이를 반대하는 재상급 대신들을 모두 파직했습니다.

"임금이 숭례문(崇禮門)에 나아가 남병사(南兵使) 윤구연(尹九淵)을 참(斬)하였다. 이보다 앞서 임금이 금오랑(金吾郞)에 명하여 윤구연을 잡아오게 하였고, 또 선전관 조성(趙峸)에게 명하여 배도(倍道)로 빨리 가서 양주(釀酒)한 진장(眞贓)을 적발하도록 하였다. 이에 이르러 조성이 술 냄새가 나는 빈 항아리를 가지고 임금 앞에 드리자, 임금이 크게 노하여 친히 남문(南門)에 나아가 윤구연을 참하였던 것이다."

_『영조실록』100권, 영조 38년(1762년) 9월 17일

한편 영조가 금주령을 내렸음에도 불구하고 영조 본인이 술을 마신다는 소문이 떠돌았습니다. 이에 신하들이 영조에게 묻자 영조는 "나는 다만 오미자차를 마실 뿐인데, 그것을 소주로 의심받는다"라고 답하였다고 하죠.

임금이 이르기를, "내가 목을 마를 때에 간혹 오미자차(五味子茶)를 마시는데, 남들이 간혹 소주(燒酒)인 줄 의심해서이다." 하였다.

_『영조실록』41권, 영조 12년(1736년) 4월 24일

이처럼 영조는 조선 최고의 근검절약형 군주라 할 수 있겠습니다.

☯ 세상의 변화에 발맞추어 『속대전』을 편찬하다

조선은 일찍이 『경국대전』을 편찬하여 국가의 기반을 다졌

지만, 이후 260여 년의 세월이 흘렀습니다. 또한 추가적으로 여러 법령이 생기다 보니 이전의 법령과 새로운 법령이 충돌하면서 관리들이 법을 적용하는 데 어려움을 겪을 수밖에 없었죠. 이를 극복하기 위한 움직임은 숙종 대부터 있었는데, 영조 대에 이르러『경국대전』을 이을 대전의 편찬이 결정되고 편찬 작업이 시작되었습니다. 편찬 착수 8년 만인 1746년에 새로운 법전이 탄생했으니, 그것이 바로『속대전』입니다.

『속대전』은 경국대전의 213항목 가운데 137항목을 개정하고 증보했으며, 이외에도 새로운 18항목을 추가했습니다. 이로써 더욱 새로운 법질서를 완비하였으며, 곧 민생 안정의 밑거름을 마련하게 되었다고 볼 수 있습니다.

장면 5.

인생은 아름다워

마흔 넘어 얻은 귀한 아들

"이것은 사치다!"

"이것은 사치다!"

책을 보던 어린 세자가 큰 소리로 외쳤다. 그러자 지켜보던 대신들이 깜짝 놀라 물었다.

"무슨 일이옵니까, 저하?"
"이것은 사치다!"

세자는 다시 큰 소리를 내더니 이번에는 자리에서 일어나 입고 있던 옷을 하나씩 벗기 시작했다. 대신들은 의아한 표정으로 세자의 행동을 지켜보았다. 그러던 중 한 대신이 세자가 읽고 있던 책을 보고는 알아챘다는 듯이 웃었다. 세자가 보던 『천자문』에 '사치하다'는 뜻의 치(侈) 자가 나와 있었다. 이것을 보고 세자는 이런 행동을 한 것이었다.

"저하, 무엇이 사치이옵니까?"
"비단은 사치다."

어린 세자는 자신이 벗어놓은 옷을 가리키며 단호하게 말했다. 그러자 신하들이 세자에게 무명으로 만든 옷을 내어놓고 다시 물었다.

"이것은 어떻습니까?"
"이것은 사치가 아니다."

세자는 곱게 접힌 무명옷을 제 품에 끌어안고 이렇게 말했다. 어린 세자는 글자 공부를 하면서 자연스레 글자의 의미를 정확하게 파악한 것이다. 세자의 영특함이 보통이 아니라는 것은 익히 알고 있었지만, 이미 세자는 옳고 그름을 스스로 판단할 만큼 성장해 있었다.

그날 영조는 낮에 있었던 이 일을 전해 들었다. 영조의 얼굴에는 미소가 가시질 않았다. 모든 근심을 잊을 만큼 행복한 일이었다. 세자가 잠들어 있을 시간이었지만, 영조는 세자의 얼굴을 한 번 보고 머리를 쓰다듬어주지 않고서는 도저히 잠을 이룰 수 없을 만큼 흥분되었다. 영조는 주저 없이 동궁전으로 향했다.

영조에게 세자가 어떤 아들인가. 단지 대를 이을 수 있는 아들 그 이상의 의미이다. 영조는 유독 아들을 보지 못했다. 중전은 물론이고 후궁에게서조차 아들이 귀했다. 물론 아들이 없었던 것은 아니다. 정빈 이씨와의 사이에서 낳은 효장세자가 있었으나 무엇이 그리 급했는지 10세의 나이에 세상을 뜨고 말았다. 이후 영조는 대를 이을 아들을 보지 못하고 있다가 마흔이 넘어서야 아들을 하나 얻었으니, 바로 지금의 세자 이선이었다.

영조는 언제나 강인하고도 현명한 사람이었다. 대신들과의 관계에서도 영조는 힘을 갖고 있었으며, 또한 검소하고 소박하며 백성을 생각하는 마음 또한 남다른 왕이었다. 그러나 대통을 생각하면 선조들 앞에서 한없이 작아지는 죄인이었다. 겉으로 보이는 당당함에 가려진 영조의 마음 한구석에는 자신에게서 대가 끊기면 어쩌나 하는 걱정이 깃들어 있었다. 그런데 그러한 깊은 근심을 단박에 덜어준 아들이 바로 세자 이선이다. 게다가 이선은 어려서부터 영특하여 배움의 속도가 빨랐으며, 어린 나이에도 검소한 것을 좋아하고 사치스러운 것을 멀리하는 영조를 꼭 닮은 아들이었다.

영조가 방에 들어섰을 때 세자는 깊이 잠들어 있었다. 영조는 세자 곁에 앉아서 한참 동안 아들의 얼굴을 들여다보았다. 눈에 넣어도 아프지 않을 자식이라는 말을 절절하게 실감하는 요즘이다. 먹지 않아도 배가 부르고 자지 않아도 피곤하지가 않다. 영조는 세자를 바라보며 굳게 마음먹었다. 세자에게만큼은 자신처럼 힘들게 왕이 되지 않도록 모든 배려를 할 것이라고. 자정이 넘은 시각이었으나 영조는 세자의 곁을 떠날 생각이 없었다. 이대로 해가 뜨는 것을 봐도 좋겠다는 마음뿐이었다.

영조는 중전으로부터는 후사를 얻지 못했습니다. 본처인 정성왕후가 죽은 후, 15세 소녀 정순왕후를 새 중전으로 맞이했지만 이 사이에서도 후사가 없습니다. 대신 여러 후궁과의 사이에서 자식을 얻었습니다. 그 가운데 아들이 있었는데, 영조의 맏아들인 효장세자입니다. 그런데 이 효장세자는 어렸을 때 세상을 떴습니다. 영조는 어린 아들을 가슴에 묻으며 고통스러워했습니다. '아, 나에게서 이제 대가 끊기는 것인가?' 하는 생각도 들었을 겁니다.

그러다가 영조 나이 42세에 후궁인 영빈 이씨가 귀한 아들을 낳았으니, 그가 바로 이선, 사도(思悼)입니다. 오늘날에도 마흔에 자식을 낳았다면 늦둥이라며 굉장히 예뻐하는데, 조선 시대에는 평균 수명이 훨씬 짧았으니 마흔에 얻은 자식이라면 오늘날로 따지면 예순둥이쯤 되는 겁니다. 그러니 영조의 눈에 이선이 얼마나 예뻤겠습니까?

게다가 이선은 천재성을 타고난 아이였습니다. 얼마나 영특했느냐면, 세 살밖에 되지 않은 어린아이가 한자를 읽고 글씨를 쓰는데 모양이 그럴듯합니다. 그래서 영의정, 좌의정, 판서들이 그 어린 세자에게 글을 받으려고 줄을 섰다고 합니다. 또한 겨우 세 살배기가 "세자" 하면 본인을 가리키고 "왕" 하면 아버지인 영조를 가리켰습니다.

조금 더 자라서 대여섯 살이 되었을 때, 이선이 밥을 먹고 있는데 영조가 "선아!" 하고 부르니 먹던 밥을 퉤하고 뱉은 다음에 "예, 전하"라고 대답했답니다. 왜 먹던 밥을 뱉느냐 했더니, 유교 경전을 읽었는데 부모가 부를 때는 먹던 밥이라도 뱉고 대답하는 것이 도리라고 해서 그리했다고 말합니다. 영조의 입에서

장면 5. 인생은 아름다워

는 자연스레 "아이고, 기특한 내 새끼!"가 튀어나왔을 겁니다. 또한 천자문을 배울 때에는 '사치할 치(侈)' 자가 나오자 갑자기 옷을 벗었습니다. 왜 그러느냐고 물으니 "이건 사치다!"라고 소리쳤답니다. 비단은 사치라는 거죠. 그래서 무명을 가져다주면서 "이건 어떻습니까?" 했더니 무명옷은 사치가 아니라면서 꼭 끌어안았습니다.

이렇게 영특한 아들이었으니 영조가 이선에게 거는 기대는 당연히 매우 컸습니다. 그동안 영조가 어떤 세월을 살아왔습니까? 아버지는 임금이었으나 어머니는 천민이었습니다. 자신 앞에서는 표현을 하지 않지만 대신들이 속으로는 천민의 자식이라며 자신을 비웃고 있을 거라고 생각했을 겁니다. '이 치명적인 약점을 씻어내기 위해, 나는 지금까지 허리 꼿꼿이 세우고 방석도 쓰지 않고 채소를 씹어가면서 여기까지 왔어. 그런데 내 자식이 이렇게 천재니까 문치주의 국가에서 열심히 학문을 익히도록 해서 왕실의 권위를 높여야겠다'고 마음먹었겠죠. 즉 영조는 아들 이선을 통해 출신 콤플렉스를 이겨내고 자신의 꿈을 이루고자 했을 겁니다.

✸ 사랑받지 못한 왕비, 정성왕후 서씨

정성왕후(1692~1757)는 영조의 정비로서 13세의 나이에 당시 연잉군과 가례를 올렸고, 이후 연잉군이 왕세제로 책봉되면서 세제빈이 되었으며, 영조가 즉위함에 따라 중전이 되었습니다. 지아비인 영조가 오랜 기간 동안 임금의 자리에 있었던 덕분에 정성왕후 역시 조선 최장수 왕비가 되었습니다. 그러나 정성왕후와 영조는 사이가 별로였던 것으로 보이는데, 영조는 정성왕후를 창덕궁으로 보내고 자신은 경희궁에 있었으며 거의 정성왕후를 찾지 않았다고 합니다.

야사에 의하면 첫날밤에 영조가 정성왕후의 손이 참 곱다며 감탄을 했는데, 정성왕후가 "힘든 일을 하지 않아 그렇습니다"라고 이야기해서 영조의 사랑을 받지 못했다는 이야기가 전해집니다. 이 말이 영조의 어머니인 숙빈 최씨의 무수리 생활을 떠올리게 했기 때문이라는 설과 함께 말이죠. 영조와 정성왕후 사이에 자녀가 없었고, 심지어 정성왕후가 영조에게 통증을 호소하여도 영조는 엄살을 부린다고 할 정도였으니, 두 사람의 사이가 결코 좋지 않았음을 추측해볼 수 있습니다.

게다가 중전이 사망한 후 새로운 중전을 맞이하려면 3년상을 다 치러야 하는데, 영조는 정성왕후 사후 2년 만에 새로 혼인을 합니다. 15세의 소녀 정순왕후 김씨를 새 중전으로 맞아들인 거죠.

✤ 왕의 사랑을 받은 영빈 이씨, 귀한 아들을 낳다

영빈 이씨(1696~1764)는 영조의 후궁이며, 처소가 선희궁(宣禧宮)이었기 때문에, 당시에는 선희궁으로 불렸습니다. 영조의 두 번째 후궁으로 사도세자와 화평·화협·화완옹주를 낳았으며, 영조의 총애를 가장 많이 받았습니다.

영빈 이씨는 40세(1735년)에 아들을 낳는데, 왕자를 출산할 때 영조는 영빈의 곁을 직접 지켰다고 합니다. 당시 영조에게는 유일한 아들이었던 효장세자가 요절하고 무려 7년 동안 아들 소식이 없었기 때문에, 영조는 영빈 이씨가 낳은 아들이 더없이 귀할 수밖에 없었습니다.

🌐 조선 최연소 세자 책봉

영빈 이씨가 낳은 아들 이선은 생후 1년 만에 세자로 책봉되었습니다. 조선 최연소 세자였던 것이죠. 당시 영조는 이미 마흔이 넘은 나이였고, 더욱이 이후에 다른 아들이 태어나지 않았기 때문에 이선은 매우 귀한 아들이었습니다. 심지어 탕평비(蕩平碑)를 세운 것도 이선의 성균관 입학을 기념한 것이었다고 하니, 영조의 아들 사랑이 얼마나 깊었는지를 알 수 있습니다.

장면 5. 인생은 아름다워

장면 6.

동상이몽

너무나도 달랐던 임금과 세자

"너는 거짓말을 하고 있다!"

영조의 목소리가 문턱을 넘어 밖에서 숨죽이고 있던 내관들도 놀랄 정도로 크게 들렸다. 매우 격앙된 아버지의 목소리 앞에서 세자는 고개조차 들지 못하고 있었다. 세자는 무언가 말을 하는 듯했으나 입에서만 맴돌 뿐 흥분한 영조에게까지 들리지 않았다.

영조는 세자의 공부에 무척 큰 관심을 가졌다. 국사로 바쁜 와중에도 세자가 공부한 내용을 함께 논하거나 간단한 질문을 하는 것을 잊지 않고 챙겼다. 그런데 근래 들면서 그 시간에 영조의 목소리가 커지고 화를 내는 일이 잦아졌다. 그때마다 세자는 무언가 말을 하려다가도 하지 못하고 연신 고개만 숙이고 있었다.

영조가 유독 세자의 공부에 관심을 기울이게 된 계기는 세자가 10세 때 일어난 일 때문이었다. 영조가 어린 세자에게 글을 읽는 게 어떠한지 묻자 세자는 간혹 싫을 때도 있다는 대답을 내놓았다. 아들의 대답에 영조는 동궁이 진실한 말을 하니 기쁘다는 말로 넘어갔지만, 그것은 영조의 진심이 아니었다. 이날 이후 영조는 세자의 경연 내용, 세자가 읽은 책 등을 하나하나 확인하며 챙겼다.

오늘 역시 그 과정에서 영조가 호통을 친 것이다. 중국 고대 인물에 대한 세자의 평을 듣는 중에 세자의 대답에 영조가 불같이 화를 냈다.

"한 무제와 한 고조 중에 누가 더 훌륭하다고 생각하느냐?"
"한 고조가 나았습니다."
"그럼 문제와 무제 중에는 누가 뛰어나다고 생각하느냐?"

"문제가 더 낫다고 생각합니다."

"이는 나를 속이는 답변이다! 너는 분명 무제를 통쾌히 여기고 있을 텐데 어째서 문제가 낫다고 하느냐?"

"여쭈신 것에 대해 제 소신을 말씀드렸을 따름입니다."

"듣기 싫다. 너는 지금 거짓말을 하고 있다!"

영조는 세자의 이야기를 더 이상 들으려 하지 않았고, 세자가 자신과의 자리를 빨리 끝낼 마음에 거짓말을 하고 있다고 단정지었다. 세자 역시 영조의 분노에 더 이상 말을 잇지 못하고 그저 고개만 숙이고 있을 뿐이었다.

본래 세자는 말을 제대로 하기 전부터 한자를 쓰기도 하고 책을 읽는 것을 즐겼다. 그런 세자의 모습에 영조는 흡족해했고 세자에게 많은 기대를 했던 것도 사실이었다. 그러나 자라면서 세자의 기질이 바뀌었다. 놀 때는 반드시 군사놀이를 했고 병서도 즐겨 읽었다. 이해력이 좋았기에 병서에 나온 속임수나 병법을 군사놀이에서 곧잘 활용하기도 했다. 또 말을 타는 것도, 활을 쏘는 것도 좋아했다.

이런 세자의 모습을 영조가 몰랐을 리 없었다. 하지만 영조는 본인이 그러했듯이 왕이 될 자는 반드시 문(文)을 숭상해야 하고, 누구보다 많은 독서와 공부를 통해 이론적으로나 실질적으로나 대신들을 압도할 수 있어야 한다고 생각했다. 그것만이 임금이 당쟁에 휘둘리지 않고 강력한 권력을 유지할 수 있는 유일한 길이라고 생각했다.

영조는 간신히 화를 누르고 세자를 향해 타이르듯 말을 시작했다.

"왕이 그 권위를 제대로 세우기 위해서는 누구보다 많은 공부를 하고 많은 독서를 해야 한다. 왕은 신료들과 정사를 논할 때에도 막힘이 있어서는 안 되며, 중요한 사항에 있어서는 스스로 판단하여 결정할 수 있어야 한다. 그리고 그 결정을 올바르게 하도록 이끄는 힘은 책에 있다. 세자일 때뿐만이 아니라 왕이 되어서도 공부와 독서를 쉬지 않으면 안 되는 까닭이 그 때문이다. 그런데 요즘 세자의 모습을 보면 고금의 훌륭한 책들은 멀리하고 무예를 연마하고 병서를 즐겨 읽으니, 내 걱정을 하지 않을 수가 없구나. 부디 세자는 이 애비의 뜻을 헤아려 무에 치우치는 것을 경계해야 할 것이다."

　영조는 세자에게 당부하듯 말을 남기고 자리에서 일어났다. 그때까지도 세자는 마치 죄인이 된 양 무릎을 꿇고 앉아 땅을 보고 있을 뿐이었다.

설민석의
역사 특강

이선은 어린 시절 열심히 공부하며 아버지 영조의 기대에 부응하면서 자랐습니다. 그런 세자를 영조는 끔찍이도 아끼고 사랑했는데, 이선이 성장하면서 아버지와의 사이에 슬금슬금 금이 가기 시작합니다. 이선이 열다섯 살이 되면서 아버지의 꿈을 무참히 짓밟기 시작했기 때문입니다. 우선 이선이 엄청나게 먹어대는 바람에 몸이 씨름선수만큼 커집니다. 힘이 얼마나 장사였는지 말을 타고 효종의 청룡언월도를 휘두르고 다녔다고 합니다. 효종이 누굽니까? 북벌의 상징이죠. 효종은 기골이 매우 장대해서 죽은 후에 관에 들어가지도 못할 정도로, 요즘 말로 하면 '어깨 깡패'였다고 합니다. 효종의 청룡언월도는 무관들도 무거워서 들지 못하는 것인데, 열다섯밖에 안 된 소년이 그 무거운 검을 휘두르고 다닌 겁니다. 이선이 청룡언월도를 휘두르면 바람을 가르는 소리가 나고, 말을 타고 달리는데 장수도 그런 장수가 없었다고 하죠. 그리고 『무기신식』라는 책을 쓰기도 했는데, 오늘날로 따지면 특공무술 교본이라고 할 수 있는 책입니다.

이런 자식의 모습을 본 아버지의 마음은 어땠을까요? 초등학교 때까지는 전교 1등을 놓치지 않아서 부모의 높은 기대를 한 몸에 받던 착하고 똑똑한 아이가, 중학교에 가더니 어느 날 갑자기 "엄마, 나 이종격투기 선수가 될래" 하며 친구들의 목을 조르고 여기저기 뛰어다닌다고 생각해보세요. 부모의 마음이 어떨까요? 우선 화가 날 수밖에 없겠죠. 실제로 이러한 일이 발생하면 어떻게 해야 할까요? 공부하라고 혼을 내야 할까요? 아니면 자녀의 뜻대로 놔둬야 할까요?

그런데 영조가 조금만 마음의 문을 열고 이선을 불러다가 손을 잡고 "아들아, 이 아비와 네가 처한 상황이 썩 좋지 않단다.

사실 네 할머니가 천민 출신 아니더냐? 그걸 빌미로 왕실에서나 대신들이 우릴 비웃고 무시할 수도 있어. 그걸 이겨내려면 네가 공부를 열심히 해서 훌륭한 임금이 되는 수밖에 없단다. 그러니 글공부에 좀 더 매진하면 안 되겠니?" 이렇게 타일렀다면 이선이 그렇게 미치지는 않았을 겁니다. 하지만 영조의 성격이 어떠한가요? 자기 관리가 매우 엄격한 사람이고 고집도 만만치 않았죠. 그래서 아들에게 "이 아비는 이렇게 살았는데, 넌 왜 그리 살지 않는 것이냐?"며 불만을 갖는 겁니다. 영조는 나름대로 아들에게 엄격한 교육을 했지만 이러한 교육법은 오늘날 흔히 말하는 '불통의 교육'이라고 볼 수 있습니다. 이 불통의 교육 때문에 이선은 미쳐버리고 결국 역적이 되기 시작합니다.

사실 세자 이선의 교육이 태어났을 때부터 잘못된 것은 아니었을까 하는 생각도 듭니다. 보통 임금의 아들이 태어났을 때 바로 세자의 자리에 앉히는 것이 아니라 어느 정도 장성하면 세자로 책봉하게 되죠. 그런데 이선은 영조에게 귀한 아들이었고 한없이 예쁘기만 하니 태어나자마자 세자로 책봉된 것입니다. 이것이 불행의 시작인 줄은 그 누구도 알지 못했겠죠.

자, 영조와 영빈 이씨 사이에서 이선이 태어났습니다. 아기가 태어나면 우선 어머니가 돌봐야 합니다. 아버지는 옆에서 지켜보며 예뻐하기만 하면 되죠. 그런데 문제는 아기가 너무 예뻐서 일찌감치 세자 책봉을 하다 보니, 갓난아기인 세자는 어머니 품을 떠나 동궁으로 들어가야 합니다. 왕실의 법도에 따라 세자 교육을 받아야 하기 때문이죠. 그런데 이선이 어렸을 때부터 교육을 담당했던 이들은 바로 영조가 게장과 감으로 독살했다고 소문이 난 왕, 즉 경종의 궁녀들이었습니다. 당시 유모들은 어떤 생각으로 이선을 받아들였을까요? 영조는 경종을 독살한 천하의 원수인데, 그 원수의 자식이 다시 나한테 맡겨졌다면 아이를 어떻게 키우겠습니까? 묘하게 엇나가게 키우겠죠. 그래서 유모들이 세자에게 병정놀이를 부추겼다는 겁니다. 장난감 칼을 쥐여주고 자꾸만 무술을 하라며 이상하게 키웠다는 거죠. 이런 상황이다 보니 이선이 점점 글공부를 멀리하고 무에 집착하게 되었다고 합니다.

이 이야기는 저의 추론이 아니고 이선의 부인, 비운의 여인 혜경궁 홍씨가 쓴 『한중록』에 나오는 내용입니다. 『한중록』은 혜경궁 홍씨가 70세 되던 해 한가한 중(閑中)에 썼다고 해서 그렇게 이름 붙여졌는데, 이것을 한자와는 다르게 '한(恨) 맺힌 기록'이라고 해석하기도 합니다. 『한중록』에서는 세자 이선을 경모궁이라고 부릅니다. 경모궁은 훗날 이선의 신주가 모셔진 사당인데, 『한중록』은 이선이 죽고 나서 저술된 책이기 때문에 이선을 경모궁이라 표현합니다. "우리 경모궁께서 태어나자마자 부모의 사랑을 받지 못하고, 이상한 유모들 품에서 자라고, 엄마가 찾아가면 유모들이 후궁이라고 업신여기고 못 보게 하고, 이러니 경모궁의 교육이 뭐가 되리오"라는 내용이 분명하게 담겨 있습니다.

우리는 영조와 세자 이선의 갈등에서 조기 교육의 중요성을 엿볼 수 있습니다. 제대로 된 교육 시설에서 좋은 선생님 밑에서 배워야 한다는 거죠. 그리고 아이는 부모의 꿈을 이뤄주는 아바타가 아니잖아요. 그러니 아이가 부모의 생각과 다르게 자란다고 해서 무조건 꾸지람을 할 것이 아니라, 손을 잡아주고 공감해주고 자세를 낮춰 아이의 이야기를 들어주는 '소통의 교육'이 필요하죠. 하지만 앞장에 나와 있는 영조와 이선의 대화에서 볼 수 있듯, 영조는 세자에게 의견을 물어놓고는 세자가 소신껏 대답을 해도 아들의 말을 곧이곧대로 듣지 않고 무조건 호통을 쳤습니다.

이선이 15세가 되면서 영조는 세자에게 대리청정을 시켰습니다. 대리청정이란 왕의 업무를 세자나 세제가 대신 돌보는 것인데, 세자 때 대리청정을 하는 것은 쉽지 않은 일입니다. 이것만 한 고역이 없습니다. 잘해야 본전이고 잘못하면 큰일이 나죠. 나랏일을 다루는 자리이니까요. 그래서 세자가 대리청정을 맡은 15년 동안 아버지와 아들 사이가 완전히 틀어져버립니다.

세자 이선이 대리청정을 하는 동안의 분위기가 어떠했는지, 영조와 세자의 대화로 간단히 살펴보겠습니다.

"아바마마, 오늘 대신이 이렇게 이야기하는데 이렇게 결정했습니다. 어떻게 생각하십니까?"

"허, 이거 참 웃긴 놈이구나. 네가 왕이더냐? 임금인 나에게 물어보고 해야지 감히 네 멋대로 결정해? 그렇게 하지 마!"

"알겠습니다, 아바마마."

"아바마마, 오늘 대신들이 이러한 일을 소자에게 이야기했는데 어찌 처리하면 좋겠습니까?"

"아, 이거 갈수록 태산이구나. 네가 그러고도 세자라고 할 수 있느냐? 이런 일도 스스로 처리 못하면서 무슨 세자란 말이냐? 넌 임금이 될 자격이 없다. 꼴도 보기 싫으니 썩 물러가라!"

이런 상황이었으니 세자 입장에서는 미칠 노릇이죠. 이래도 욕먹고 저래도 욕먹고, 얼마나 스트레스를 받았겠습니까? 결국 나중에는 아버지와 자식의 대화가 단절됩니다. 그리고 세자는 아버지에 대한 공포심이 생겨서 아버지를 만나러 가기 전에 청심환을 먹지 않으면 아버지를 대하지 못하게 됩니다.

본래 이선은 말을 아주 잘했습니다. 공부할 때는 또박또박 글도 잘 읽고 말도 잘하고 웃음도 많았던 이선이 아버지 앞에만 가면 실어증에 걸린 사람처럼 말이 없어졌습니다. 아버지가 말을 하라고 해도 제대로 입을 열지 못하자 화가 난 영조는 버럭 소리를 지릅니다. 그 호통에 세자는 기절해버리고 맙니다. 아버지 앞에만 가면 말을 못하고 야단치면 기절해버리고, 이런 일이 한두 번이 아니었습니다. 그래서 세자는 자살 시도도 여러 번 합니다.

영조가 세자가 몹시도 미워서 그랬는지, 아니면 정말 아끼고 사랑하며 잘되길 바라는 마음에서 그랬는지 우리가 정확히 알

수는 없습니다. 하지만 영조가 자식의 마음은 헤아리지 않고 일

방적으로 자신의 뜻만을 강요하는 '불통의 교육'을 해온 것은 확

실합니다.

🏵 문(文)을 숭상했던 아버지 영조

영조는 유학에 매우 힘쓴 임금이었습니다. 정통성이 취약한 왕은 실수를 범해 책잡힐 일을 만들지 말아야 했고, 매사에 모범적인 모습을 보임으로써 자신의 불안한 입지를 공고히 다져야 했습니다. 따라서 영조는 틈만 나면 책을 펼쳤고, 대부분의 왕들이 꺼려했던 경연에도 사망 직전까지 열심히 참여하였습니다.

장면 6. 동상이몽

⊛ 무(武)를 좋아했던 아들 이선

사도세자는 10세 때부터 공부를 멀리하기 시작합니다. 이러한 세자의 모습은 아버지 영조의 기대를 벗어나는 것이었습니다. 세자가 공부를 멀리하면 할수록 아들에 대한 아버지의 신뢰 역시 멀어졌습니다.

조선은 유교 사회였기 때문에 무(武)보다 문(文)을 중시하였습니다. 아버지 영조 역시 문을 숭상한 유학 군주였죠. 하지만 세자는 그렇지 않았습니다. 세자는 유교 경전보다는 소설이나 병서 등의 잡서(雜書)에 관심이 많았고, 심지어 병석에서도 『삼국지연의』를 손에서 놓지 않았습니다. 실제로 무인 기질이 있었고, 『한중록』에 의하면 기골이 장대하였다고 전해집니다. 15세에는 무게가 약 40킬로그램에 달하는 청룡언월도를 휘둘렀다고 합니다. 오늘날로 따지면 중학생이 쇠몽둥이를 바람개비처럼 가볍게 휘두른 셈이니 사도세자의 체격이 얼마나 좋았는지를 짐작할 수 있습니다.

또한 사도세자는 1759년에 일종의 특공무술 교본인 『무예신보』를 저술하였고, 이러한 모습은 고조할아버지인 효종과 매우 닮았습니다. 하지만 아버지 영조는 이러한 아들의 모습을 결코 좋아할 수 없었습니다.

미운 오리 새끼

성군의 자질을 갖고 있던 사도세자

세자의 손을 부여잡은 두 손은 간절했다. 노인은 자신이 할 수 있는 가장 낮은 자세로 세자의 손을 잡고 이야기했으며, 세자 역시 최대한 노인의 눈높이에 맞춘 자세로 이야기를 경청했다. 한여름의 오후, 그늘에 가만히 앉아 있기도 힘든 날씨에 세자는 땡볕에서 허름한 차림의 노인과 그렇게 꽤 긴 시간 이야기를 주고받았다. 주로 이야기를 하는 쪽은 노인이었고, 세자는 듣는 중간 짧게 말을 하거나 미소를 보이며 노인을 안심시켰다.

노인은 자신이 붙들고 이야기를 하고 있는 사람이 이 나라의 세자인 것을 알지 못했다. 그저 억울한 자신의 형편을 높은 사람에게 이야기하고 싶을 따름이었는데, 때마침 세자 일행이 노인이 일하고 있던 밭을 지나고 있었다. 노인은 이 기회를 놓칠 수 없어 하던 일을 팽개치고 달려왔던 것이다. 처음에 수상한 노인이 세자 일행의 앞을 막고 넙죽 엎드리자 호위하던 병사들은 노인을 끌어내려고 했다. 그러나 세자가 이를 저지했다.

"잠시 멈추어라."

세자는 다가가 노인 앞에 앉고는 길을 막은 연유를 물었다. 그렇게 시작된 두 사람의 대화가 계속 이어진 것이다. 시간이 지날수록 노인의 얼굴은 한결 편안해졌고, 세자 역시 노인의 표정을 보며 이야기를 들어주길 잘했다고 생각하고 있었다.

세자는 궐 밖으로 나가는 것을 좋아했다. 백성들에게서 듣는 이야기는 노래와 같이 즐거웠다. 또 세자는 충분히 백성들의 이야기에 공감하고 함께 아파할 만큼 그들의 삶에 관심이 많았다. 이것은 아버지 영조의 영향일 것이다. 영조는 그 어떤 왕보다도 백성을 위했으며, 그 자신이 일반 백성과 같은 삶을 살아왔기에 누구보다 그들의 어려움을 잘 알고 있었다. 그리고 세자는 그런 아버지의 모습이 좋았다. 자신도 반드시 백성들을 위한 왕이 되겠노라 다짐했다.

그래서 세자는 궐 밖을 다닐 때는 말이나 가마를 타는 것보다 걷는 것을 좋아했다. 다가와 이야기를 하려는 백성이 있으면 열 일을 제치고 들어주었다. 백성들의 생활에도 관심이 많았던 세자는 풍경보다 백성들의 일상을 지켜보았으며 궁금한 것이 있으면 반드시 다가가 물었다. 그리고 그렇게 알게 된 일들을 절대로 흘려듣고 넘어가는 일이 없었다. 모든 일을 다 들어줄 수는 없으나 그래도 세자는 가능하도록 노력했다. 그렇게 세자는 조금씩 백성을 이해하는 성군의 모습을 갖추어가고 있었다.

대화를 마치고 일어나는 세자의 손을 노인은 끝까지 잡고 있었다. 세자 역시 그 손을 억지로 놓으려고 하지 않았다. 일어서며 세자는 다시 한 번 노인을 안심시켰다.

"내 결코 흘려듣지 않았으니 방도를 찾아보겠네. 그러니 이

제 걱정을 조금 덜고 몸도 돌보고 하시게나."

"아닙니다. 높으신 분께서 이런 미천한 늙은이의 이야기를 들어주신 것만으로도 이미 제 마음이 놓이는 것 같습니다."

노인을 뒤로하고 세자 일행은 다시 길을 나섰다. 노인은 일행의 뒷모습이 시야에서 사라질 때까지 바라보았다. 비록 이 젊은 청년이 세자인 줄은 꿈에도 생각지 못했으나, 노인은 청년이 큰 인물이 되었으면 하는 바람을 가득 담아 절을 했다.

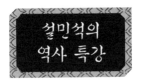

설민석의
역사 특강

세자 이선의 정치 입문은 매우 빨랐습니다. 비공식적이지만 다섯 살 때부터 시작되었죠. 그 이유는 아버지 영조의 선위 파동 때문인데, 선위(禪位)란 왕이 생존해 있을 때 후계자에게 왕위를 물려주는 것을 말합니다. 그 대상은 당연히 세자가 되는 것이죠. 이른바 이 '선위 카드'는 왕이 정치적으로 곤란할 경우 국면 전환을 위해 활용되는 묘수입니다. 실제는 선위할 마음이 눈곱만큼도 없는데 신하들의 충성심을 저울질해볼 수 있기 때문입니다. 신하들이 왕의 선위를 "옳다구나!" 하고 덥석 받아들이면 해당 신하에게 엄벌을 주었고, 선위를 거부하면 왕의 명을 어기는 것이니 이 또한 불호령이 떨어질 수밖에 없었죠. 신하로서는 이래저래 난처한 상황입니다만, 결론은 왕의 선위를 끝까지 거부하는 것이 바로 신하들의 생존 전략이었습니다. 그래야 살아남을 수 있었으니까요.

이러한 가운데 가장 피곤한 사람은 누구일까요? 신하도 신하지만, 바로 선위 파동의 대상자인 '세자'라고 볼 수 있습니다. 아버지가 선위를 하겠다고 선언하면 꼼짝없이 석고대죄를 하며 아버지가 선위 명령을 거둘 때까지 싹싹 빌어야 했어요. 자신은 지은 죄가 하나도 없음에도 불구하고 말이죠.

조선 시대 왕들은 이러한 선위 카드를 왕권 강화에 종종 사용했고 영조도 이에 빠지지 않았는데, 조선왕조의 임금 중에서 가장 오랜 기간 왕좌에 앉아 있었으니 자연스레 선위 카드를 많이 사용했습니다. 더욱이 영조가 왕위에 올랐을 때는 노론과 소론의 대립이 극심한 상태였고, 따라서 이러한 정치적 혼돈 속에서 선위는 왕권을 강화하는 적절한 묘수가 되기에 충분했습니다. 영조는 변덕이 심한 데다 선위를 위해 단식까지 했다고 하니, 세자였던 이선 입장에서는 더없이 괴로운 일이 아닐 수 없었을 겁니다.

1749년, 15세의 세자는 부왕(父王)을 대신하여 대리청정을 하면서 국정 전면에 나서게 되었습니다. 왕의 업무 가운데 '사람을 쓰는 것과 군사를 동원하는 것, 그리고 사형에 관련된 것 등 세 가지 일과 국방에 관련된 일'만 아버지 영조에게 자문을 구하고, 나머지 업무는 세자가 알아서 일을 처리해야 했죠. 정치에서 인사, 군사 등이 가장 중요하니 사실상 나라의 중대사는 영조가 여전히 처리하고 있었다고 볼 수 있습니다.

세자는 14년 동안 대리청정을 하면서 백성들의 문제를 마주하게 됩니다. 더욱이 영조는 누구보다도 백성들의 고통에 가슴 아파한 임금이었죠. 세자는 아버지 영조의 애민사상을 이어받고자 많은 노력을 기울였습니다.

세자 이선의 이야기를 다루고 있는 『한중록』에서는 '뒤주 사건(임오화변)'에 초점을 맞추어 사도세자를 조명하고 있기 때문에 그의 비행에 집중하고 있습니다. 하지만 세자는 어릴 때 성군의 자질이 갖추었다고 평가받는 인물이기도 합니다. 사람의 성격이 하루아침에 갑자기 변하지는 않죠. 사도세자는 10대 중반부터 정치에 참여해 무려 14년 동안 대리청정을 해왔으니, 대리청정 초기부터 비행을 일삼았다고 볼 수는 없을 것입니다. 만약 애초에 비행을 일삼는 세자였다면 14년 동안이나 대리청정을 맡길 수 없었겠죠. 그렇다면 대리청정 초반, 즉 10대 후반 시절 세자가 어떻게 정사를 수행했고 이 가운데 백성들의 문제를 어떻게 처리했는지 간단하게 살펴보도록 하겠습니다.

"백성들 가운데 가계가 여유가 있는 자들에게 개인 곡식을 내놓게 하여 어려운 사람에게 그 곡식을 통해 구제함."

_『영조실록』 75권, 영조 28년(1752년) 1월 5일

"저잣거리에 양식이 없어 돌아다니는 거지에게 양식을 주어 돌려보내도록 함."

_『영조실록』 77권, 영조 28년(1752년) 8월 1일

"양식이 없어 남의 집 머슴이 된 사람들이 10년을 하고 나면, 자연히 양인으로 면제하도록 함."

기록을 통해 우리는 대리청정 기간 동안 세자가 아버지 영조의 애민사상을 잘 계승하고 있음을 추정할 수 있습니다. 하지만 대리청정은 아버지의 감시 속에서 해야만 했습니다. 더욱이 영조는 깐깐한 성격이었고, 그래서 세자는 대리청정 이후 더욱 아버지의 눈치를 볼 수밖에 없었죠. 이로 말미암아 세자의 몸과 마음은 서서히 병들어갔습니다.

백조로 태어났던 세자 이선, 그러나 아버지 영조의 냉대와 감시 속에서 영원히 미운 오리 새끼로 남을 수밖에 없었습니다. 철저하게 아버지의 사랑을 받지 못한 아들의 이야기는 조선 최대의 비극으로 이어지게 되었습니다.

🔅 세자 이선의 대리청정(1749~1762)

세자가 15세 때 아버지 영조는 이미 환갑에 가까운 나이였습니다. 영조는 몸이 안 좋다는 이유로 세자에게 대리청정을 시켰습니다. 세자는 14년 동안 대리청정을 했는데 이것이 오히려 부자간의 갈등을 심화시키고 말았습니다. 실록에 의하면, 대리청정 기간에 세자가 신하들의 의견을 그대로 따르면 아버지 영조는 따로 불러서 훈계를 했고, 반대로 신하들의 의견을 거부하면 왜 신하들의 말을 듣지 않느냐며 꾸중했다고 합니다. 영조는 노론과 소론의 당쟁 속에서 상황을 주도하는 세자의 모습을 기대했으나, 영조의 눈에는 세자가 영 만족스럽지 못했겠지요. 당시 영의정이었던 김재로는 사도세자에 대한 영조의 꾸중에 대해 다음과 같이 전하고 있습니다.

"동궁 저하(東宮邸下)께서 어린 나이에 대리(代理)하여 수응(酬應)이 다 합당하고 정령(政令)의 사이에 또한 일찍이 성상의 뜻을 우러러 몸 받지 않음이 없으니 신은 일찍이 찬탄(贊歎)하였는데, 전하(영조)께서는 매양 지나치게 책망을 하십니다."

_『영조실록』74권, 영조 27년(1751년) 6월 12일

신하들조차 아버지 영조의 꾸중이 심하다고 이야기할 정도였던 것입니다.

✷ 아버지의 지독한 관심과 기대

영조는 세자의 대리청정을 늘 주시했습니다. 어느 날 차대 매달 여섯 차례씩 신하들이 임금 앞에 나아가 정무를 보고하던 일가 일찍 끝나면 영조는 승지를 불러 왜 차대가 일찍 끝났느냐고 물어보았습니다. 또한 오늘은 세자가 대신들에게 어떤 질문을 했는지 물어보

기도 했습니다. 그때 세자가 백성들의 고통에 대해 물어보았다고
하면 매우 흡족해했다고 합니다.

그러나 세자의 대리청정에 대한 아버지 영조의 관심은 다소
지나쳤고 간섭도 많았습니다. 이 때문에 세자는 영조가 진노하는
것을 걱정하기 시작했죠. 세자는 대리청정 4년이 되는 해에 홍역
을 앓았는데, 아버지의 마음을 얻지 못하는 것을 걱정하여 약 복
용을 거부하기까지 했을 정도였습니다.

동궁에 승지가 입대하였을 때에 왕세자가 말하기를,
"내가 대리한 지가 4년이 되었으나 성상의 마음을 우러러
본받지 못하여 약을 물리치시기에 이르렀으니 모두 나의 잘못이
다. 나 역시 무슨 마음으로 약을 복용하겠는가?" 하였다.
_『영조실록』 78권, 영조 28년(1752년) 10월 29일

장면 8.

살인의 추억

내 아버지를 아모리하고 싶다!

뚝, 뚝, 뚝……

이성을 잃고 화를 내며 뛰쳐나간 세자가 다시 돌아왔다. 그런데 세자의 손에 들려 있는 것은 다름 아닌 세 사람의 목이었다. 처참하게 뭉그러진 얼굴에는 그들이 느꼈을 공포와 고통이 그대로 어려 있었다. 붉다 못해 검은 피가 칼과 세자를 휘감고 있었다. 검은 피는 거대한 구렁이처럼 세자를 감싸고 옥죄어 세자의 영혼과 육체를 갉아먹고 있었다.

이 끔찍한 광경에 혜경궁은 하늘이 무너질 것만 같이 아찔

했다. 이미 온몸에 힘이 풀려 사지를 가누기도 힘들었고 마치 거대한 힘이 자신을 바닥으로 끌어당기는 듯했다. 정신은 기절할 지경에 이르러 아무 생각도 들지 않았지만, 혜경궁은 이를 악물고 죽을힘을 다해 쓰러지지 않으려고 버티고 또 버텼다. 간신히 몸을 세우고는 있었지만 차마 세자를 쳐다볼 수는 없었다. 두려웠다. 세자의 검은 칼이 자신을 향할까봐 두려운 것은 아니었다.

"이것 보시오. 내 이 역적 놈들을 처단해버렸소!"

세자의 행동은 과대망상에 가까웠다. 세자는 옷을 입을 때마다 옷들이 살갗을 자르고 베는 것 같다고 했는데 그 고통이 심하여 참을 수가 없다고 했다. 그리고 고통이 극에 달하면 세자는 광인이 되고야 말았다. 세자의 폭력성은 점점 심해졌다. 처음에는 물건을 던지고 부수는 정도였지만 시간이 갈수록 사람을 폭력의 대상으로 삼았다. 무차별 폭력은 살인으로 이어졌다. 세자의 광증은 대상을 가리지 않았다. 시중을 들던 궁녀, 곁에 있던 내시할 것 없이 목을 베고 무자비한 폭행을 가했다. 그렇게 죽어간 사람의 수를 헤아릴 수 없을 지경이었다.

그런데 이상하게도 세자는 그런 일을 벌이고 난 뒤 편안해지는 느낌을 받았다. 얼굴에 평온함이 감돌았고 어린아이처럼 맑은 미소가 보이기도 했다. 그 모습이 혜경궁에게는 더 큰 두려움이었다. 엄청난 일을 벌인 후 자신도 모르게 느껴지는 그 쾌감, 그것 때문에 세자가 광기를 멈추지 못하는 것은 아닐까 하는 두려움이었다.

그렇다고 세자가 오롯이 인면수심의 인간은 아니었다. 한바탕 난리가 휘몰아치고 나면 세자는 마치 귀신에 홀린 사람처럼 눈이 풀리고 온몸에 맥이 빠진 채 쓰러졌다. 한참을 깊은 잠에 빠졌다가 깬 후에는 며칠 동안 식사도 들지 못하고 괴로움에 눈물을 흘렸다. 자신을 원망했으며 정신을 다잡겠노라 다짐하고 또 다짐했다. 하지만 그 다짐은 오래가지 않았고, 세자는 그 끔찍한 행위를 반복했던 것이다.

이렇게 되면서 세자는 자신의 원래 모습을 잃어가고 있었다. 원래 세자는 총명했고 따뜻했다. 밝은 사람이었고 자신감이 넘쳤다. 주변에 친절했고 상대가 신하든 백성이든 예의를 갖추어 말하고 행동했다. 혜경궁이 세자를 처음 봤던 날 세자가 보인 미소는 혜경궁이 이전에 보지 못했던 해맑고 순수한 청년의 미소였다. 그랬던 사람이었다. 그러나 지금 세자는 자신감이라곤 없으며 사람들과 눈도 제대로 맞추려 하지 않았다. 광증에 시달려 난동을 부리거나 눈물을 흘리며 참회하고 자학하는 모습이 혜경궁에게는 더 익숙해졌다. 이젠 정말 예전의 세자의 모습을 볼 수는 없을 것이라는 생각이 들자 혜경궁은 가슴이 무너지는 것 같았다.

세자는 여전히 씩씩거리며 자신이 죽인 사람들의 목과 칼을 들고 있었다. 목과 칼에서 떨어진 피가 세자의 발끝을 검붉게 물들이고 있었다. 혜경궁은 정신을 차리고 가까스로 입을 뗐다.

"저하, 이제 안으로 드셔서 환복하시고 쉬시는 것이 좋겠습니다."

혜경궁의 말에 세자는 칼과 머리를 그대로 바닥에 떨어뜨리고 안으로 향했다. 세자를 따르는 혜경궁의 뒷모습에는 슬픔이 가득했다. 세자는 발에 묻은 피는 바닥에 지워지지 않을 듯한 자국을 남겼고, 혜경궁은 그 발자국을 하나하나 피하며 안으로 걸어 들어갔다.

설민석의
역사 특강

아버지 영조의 지독한 관심과 꾸중 속에서 결국 세자 이선은 정신병을 얻고 미쳐버립니다. 바로 의대증(衣帶症)이라는 병에 걸리는데, 의대증은 옷 입는 것과 벗는 것을 잘 못하는 병을 말합니다. 옷을 입는 데 하루가 걸리고 벗는 데 이틀이 걸립니다. 보통 왕실 사람들은 옷을 혼자 입지 않습니다. 옷 입는 것을 시중드는 궁녀가 따로 있죠. 그러니까 세자는 팔만 벌리고 서 있으면 옆에서 입혀주었습니다. 그런데 궁녀들은 세자에게 옷 입히는 것을 극도로 두려워했습니다. 옷을 입히다 옷이 세자의 살결에 닿으면 발작이 일어나서 칼을 꺼내 옷 입히는 궁녀를 무참히 죽였기 때문이죠. 옆에 있던 내관들도 이유 없이 목을 쳐버리고요. 세자는 왜 옷 입는 게 두려웠을까요? 옷을 입는 순간 아버지를 만나러 가야 한다는 그 두려움 때문에 세자는 옷을 못 입고 미쳐버린 겁니다. 그러면서 애꿎은 궁녀들, 내시들만 무참히 죽이는 거죠. 아니, 어떻게 이런 일이 있을 수 있습니까?

이러한 세자의 광증은 아버지의 차가운 멸시 때문이었습니다. 영조는 누구를 죽이라는 지시를 내리고 나면 불길함을 떨치기 위해 이를 닦았습니다. 그리고 "그자를 참하였습니다"라는 불경한 이야기를 들으면 귀를 씻었습니다. 문제는 이런 행동을 아들 이선에게도 드러내 보였다는 겁니다. 즉 불경함을 떨치기 위한 행동을 자식을 향해 했던 것이죠. 『한중록』을 살펴보면, 세자가 아버지를 찾아갔는데 아버지와 아들의 대화가 딱 한마디입니다. "밥 먹었느냐?" "예." 그러고 나면 영조가 그 자리에서 귀를 씻고 씻은 물은 아들이 사는 쪽으로 버렸다고 하니, 세자는 미쳐버릴 수밖에 없었겠죠.

세자가 발작을 일으켜 죽인 사람은 궁녀나 내관뿐이 아니었습니다. 세자 이선에게는 정실 부인인 혜경궁 홍씨 말고 후궁이 있었습니다. 『한중록』에 '빙애'라는 여인이라고 나오는데 세자가 굉장히 사랑했다고 합니다. 그런데 그토록 사랑했던 이 여인을 때려 죽이고, 여인이 낳은 자기 자식도 때려서 기절시킨 후 연못에 집어던져버리는데, 연못에 빠진 아이를 신하들이 건져서 겨우 살려내죠. 그리고 혜경궁 홍씨에게도 폭력을 행사합니다. 『한중록』을 보면, "바둑판을 집어던져서 바둑판이 내 눈에 맞았는데, 눈알이 빠져나오는 줄 알았다"고 기술되어 있습니다. 아버지의 불통의 교육이 이선을 완전히 미치게 만든 것이죠.

이런 상황을 영조가 몰랐을까요? 『한중록』에는 다음과 같은 대화가 기록되어 있습니다. 하루는 영조가 세자를 불러서 "대체 왜 이러는 것이냐?"고 묻자 세자는 "울화증이 치밀어서 그렇습니다" 하고 대답하죠. "왜 울화증이 치미는 것이냐?" "아바마마께서 소자를 사랑하지 않으시니 울화증이 생겨 짐승이나 사람이나 죽이지 않고서는 속이 풀리지 않습니다." 아들의 대답을 들은 영조는 말을 잇지 못합니다. 아들의 손을 잡고서는 앞으로는 그러지 않으마고 이야기합니다. 그런데 이것이 아버지와 아들의 마지막 대화가 되었고, 이 대화가 있고 나서 몇 년 뒤에 아버지가 아들을 뒤주에 가둬 죽이게 됩니다.

그런데 왜 아버지와 아들 사이에 그토록 대화가 없었을까요? 보통 세자는 하루에 두세 번씩 왕을 찾아뵙고 문안을 드리는데, 한 달이 지나고 두 달이 지나도록 같은 집에 살면서도 아버지를 찾아가지 않았던 겁니다. 예나 지금이나 부모 자식 간에 대화가 없으면 불신이 더욱 깊어지고 갈등도 커져갈 수밖에 없죠.

그런데 영조는 자신의 딸이자 세자의 누이들인 화순·화평·화완옹주를 끔찍이도 여겼습니다. 사랑을 쏟아야 하는 세자 이선은 멀리한 채 말이죠. 영조의 자녀 차별은 그 정도가 매우 심했습니다. 장녀 화순옹주는 월성위 김한신과 혼인했는데, 부부애가 무척이나 각별했다고 합니다. 남편이 먼저 세상을 떠나자 화순옹주는 죽을 결심을 하고 음식과 물을 입에 전혀 대지 않았습니다. 이 소식을 들은 영조는 화들짝 놀라 어명으로라도 화순옹주에게 음식을 먹이고자 했으나, 화순옹주는 금식 14일 만에 세상을 떠났습니다. 그리고 영조는 세자의 동복 누나인 화평옹주를 병적으로 좋아했습니다. 옹주는 본래 결혼을 하면 궁궐을 나와야 하는데, 영조는 화평옹주를 궁궐에 계속 붙잡아두었죠. 또한 자신이 좋아하는 화평옹주가 자기가 싫어하는 세자와 같이 있는 것조차 꺼려했습니다. 심지어 옹주를 만나러 자주 궁궐 밖을 나갔는데,

마치 데이트를 하러 가는 사람처럼 옷을 정갈하게 갈아입고 갔다고 합니다. 게다가 이렇게 아낀 옹주가 죽자 장례를 위해 파주의 민가 100여 채를 사들여 묘역을 조성할 정도였죠. 자신은 검소하게 입고 백성들의 사치를 금지하고 금주령을 내린 임금이었는데도 딸에 대한 사랑은 지나칠 만큼 컸고, 반대로 왕위를 이을 아들에 대한 차별은 아주 심했습니다.

✦ 『한중록』

혜경궁 홍씨(1735~1815)는 사도세자의 아내이자 조선 제 22대 임금인 정조의 어머니입니다. 1744년, 10세의 나이에 동갑내기인 사도세자와 혼인하였으며, 18세에 정조를 낳았습니다. 이후 아들인 정조의 재위 19년(1795년)에 회고록을 저술하니 그것이 바로 『한중록』입니다.

『한중록』은 혜경궁 홍씨가 자신의 궁중 생활 60년을 기록한 책으로, 파란만장한 삶을 담담하게 때로는 격정적으로 그리고 있습니다. 물론『한중록』은 혜경궁의 친정아버지인 홍봉한이 사도세자의 죽음과 관련이 있다는 혐의를 벗기 위한 의도에서 저술되었다는 한계를 갖고 있으나,『조선왕조실록』에서 소략하게 다루고 있는 사도세자의 이야기를 대신 전하고 있기 때문에 우리는 『한중록』을 더욱 주목할 수밖에 없습니다.

⊕『한중록』이 전하는 사도세자의 정신분열증

『한중록』에서는 사도세자가 보였던 정신분열증, 즉 경패증(사람을 두려워함), 뇌벽증(천둥 번개 소리를 싫어함), 의대증(옷을 제대로 입지 못함)에 대해 기록하고 있고, 이러한 병증 때문에 내관이나 내인을 구타했다고 전하고 있습니다.

장면 9.

내 생애 최고最苦의 날

역적이 된 아들

발버둥 치는 세자를 집어삼킨 뒤주에 못이 박혔다. 아직 어렴풋이 해가 남아 있는 시각이었기에 실제로는 그렇게까지 어둡지 않았을 테지만, 세자에게 뒤주 안은 마치 십만 리 지하 굴속인 양 어둡고 끝이 보이지 않을 만큼 깊은 곳이었다.

"아직 끝나지 않았다. 내가 언제까지 여기 있을 것 같으냐? 내가 여기서 나가면 이 자리에 있었던 놈들부터 하나씩 씹어 먹어버릴 것이다!"

세자는 온갖 고약한 소리를 담아 피를 토하듯 고함을 질러 댔다. 밖에서는 명을 거두어달라는 간곡한 목소리가 들려왔다. 그러나 세자에게는 그 누구의 목소리도 진심으로 들리지 않았다. 대신들 중 누구도 이대로 세자가 끝일 것이라고 생각하는 이는 없었다. 밖으로 나왔을 때 화를 면하기 위해서는 청을 드리는 척이라도 해야 한다. 세자는 거짓이라 하더라도 대신들이 임금에게 청을 드리는 것이 맞다고 생각했다. 거짓 청조차 하지 않은 대신들이 있다면 반드시 벌을 내리겠다고 마음먹었다.

그래도 처음 며칠은 견뎌볼 만했다. 뒤주의 틈 사이로 해가 뜨고 지는 것을 느끼며 시간이 가고 날이 바뀌는 것을 알 수 있었다. 간혹 영조의 눈을 피해 물과 음식을 넣어주는 자들도 있었다. 아들 산이 할아버지 몰래 와서 안부를 물을 때는 어떠한 고통도 느껴지지 않았다.

"산아, 이 아비는 너를 두고 여기서 죽지 않는다. 여기 죽으려고 들어온 것이 아니야. 울지 마라. 그리고 찾아오지 마라. 내 곧 네가 있는 곳으로 찾아갈 테니, 가서 어머니를 잘 보살펴드려라."

세자는 산을 타이르며 돌려보냈다.

세자가 뒤주에 들어가고 며칠이 지난 후, 몇몇 병사들이 뒤주를 짚과 진흙으로 덮어 모든 틈을 막아버렸다. 이제 뒤주 안으로는 아무런 빛도 아무 소리도 들어오지 않았다. 물도 음식도 무엇도 들어올 수 없었다. 비로소 세자는 자신이 죽어야만 이 안에서 나갈 수 있음을 깨달았다. 참을 수가 없었다. 죽는 것이 두려운 것이 아니었다. 세자에게는 아직 하고 싶은 말이 남아 있었다.

"아바마마, 소자만 죽으면 다 끝나는 것이옵니까? 모두 다 소자가 부족한 탓이고, 소자의 잘못입니까? 왜 저만 탓하십니까? 아바마마는 정말 저에게 떳떳하십니까?"

"소자가 잘못했습니다. 소자가 정말 부족한 사람이었습니다. 꺼내만 주시면 모든 잘못을 뉘우치고 새사람이 되겠습니다. 살려주십시오. 전하, 아버지……"

세자는 있는 힘을 다해 소리쳤다. 어떨 때는 억울함을 호소하며 아버지를 원망하고 증오하다가 기절하듯 쓰러지기를 반복했고, 또 기운을 차리면 용서를 구하기도 하고 살려달라고 애원하기도 했다. 세자는 그렇게 자신에게 다가온 죽음의 기운에서 벗어나려고 안간힘을 썼다.

그러나 세자의 외침은 좁고 어두운 뒤주 안에서 한 치도 밖으로 나가지 않는 것 같았다. 원망과 절규는 뒤주를 감싸고 있는 두꺼운 벽과 그보다 더 탄탄한 정체 모를 기운에 막힌 채 비수가 되어 세자에게 되돌아와 몸 구석구석을 찔렀다. 세자의 눈물은 다시 벽을 타고 흘러 더욱 비통하게 만들었다. 그렇게 세자는 자신의 죽음을 받아들여야 했다.

이제 세자에게는 더 이상 소리칠 힘도, 눈물을 흘릴 힘도 남아 있지 않았다. 세자는 생각했다. 자신의 죽음으로 인해 얻을 수 있는 것들, 자신이 죽어야 살 수 있는 사람들…… 그 속에는 가족들이 있었다. 세자를 낳고도 왕비가 될 수 없었던 불쌍한 어머니, 남편을 살리려면 아들을 버려야 하는 비극의 중심에 어머니가 서 있었다. 아들을 살리기 위해 남편을 버려야 하는 아내도 있다. 아들에게 어미는 꼭 있어야 한다고 생각했다.

"비록 나는 이 꼴이 되어버렸지만 그래도 아바마마가 사시면 산이도 살 수 있다. 나 하나 죽음으로써 나는 아버지를 살리고 어머니를 살리고 아내를 살리고 아들을 살릴 수 있다. 그러니 나는 이곳에서 살아 나가면 안 된다."

"아바마마, 못난 아비를 둔 어린 산이는 소자와는 다릅니다. 심성이 고운 아이, 총기가 가득하여 성군이 될 아이입니다. 아바마마도 그리 생각하시지 않습니까? 소자의 목숨을 아버지를 위해, 산이를 위해 내놓습니다. 아바마마께서 산이를 지켜주실 것이라 믿고 놓습니다. 아버지…… 산아……"

세자는 신음하듯이 혼자만의 유언을 남겼다. 이제 자신이 죽음을 받아들여야 할 이유가 생겼다. 그 이유는 자신의 목숨과 바꿀 수 있을 만큼 소중한 것들이었다. 세자는 자신이 뒤주에 들어오고 며칠이나 지났는지도 알 수 없었다. 그러나 지금 마음은 아주 평온했다. 이렇게 마음이 편하고 따뜻했던 때가 언제였는지 모르겠다. 그렇게 세자는 옅게 웃으며 말했다.

"그래, 가자. 내가 가자."

앞서 아버지와 자식의 문제를 중점적으로 살펴보았다면, 이제부터는 부자간의 갈등을 넘어 정치적 갈등의 측면에서 역사를 탐구해보도록 하겠습니다.

당시 영조 편에는 노론이 있었습니다. 그렇다면 세자 이선 편에는 누가 섰을 것 같습니까? 차라리 소론이 대놓고 이선에게 줄을 섰으면 억울하지나 않지, 소론이 붙었다는 강한 오해만 받습니다. 세자의 대리청정 기간 중에 나주에서 벽서 사건이 일어납니다. 앞서 살펴보았듯이 영조를 욕하는 벽서로, 형을 죽이고 왕이 되었다는 내용을 담고 있고 영조가 오랜 세월 닦아놓은 정통성을 비방하는 글이었죠. 그 주모자들이 잡혀오는데 알고 보니 소론 계열이었습니다. 그래서 영조는 세자가 이들을 어떻게 처벌하는지 주시했습니다. 그런데 문제는 세자가 주모자들에게 내린 처벌이 영조의 눈에 솜방망이 처벌이었던 겁니다.

이때, 이 상황을 소론을 처단할 수 있는 기회라고 생각한 노론은 "전하! 세자 저하께서 역당의 무리와 어울리고 있다는 추문이 돕니다"라고 고하며 영조를 들쑤십니다. 또 한 가지, 세자 이선이 이상한 짓을 하고 다니는 것을 가만히 보고만 있지 않았겠죠. 이선은 백 명에 가까운 사람을 죽인, 오늘날로 따지면 사이코패스에 연쇄살인범이거든요. 이런 사람이 어떻게 왕이 될 수 있겠습니까? 그래서 노론 세력은 세자의 비행을 임금에게 고해바치려고 나경언이라는 인물을 통해 '비행 10계'를 올렸습니다. 이를 본 영조는 당연히 화가 머리끝까지 치밀었습니다. 세자를 폐할까 하는 생각까지 하게 되었죠.

이렇듯 아버지와 자식 간의 갈등에 정치적 요인까지 덧붙은 상황에서, 이선이 발작을 일으키면서 차마 입에 담아서는 안 될 말을 부인 앞에서 내뱉고 말았습니다. 『한중록』에 이렇게 쓰여 있습니다.

"내 칼을 가져와서 아버지의 거처에 가서 아버지를 아모리 하고 싶다."

아버지를 해하고 싶다는 것이죠. 일반 평민 집안에서조차 용납될 수 없는 말인데, 하물며 이 발언의 당사자가 세자이고 해하고 싶은 대상이 왕이라는 것입니다. 이건 단순히 아들이 아버지를 해치는 존속 상해의 문제에 그치지 않습니다. 왕을 해치는 역적의 발언인 것이죠. 이 말은 들은 혜경궁 홍씨는 기겁을 할 수밖에 없었습니다. 가뜩이나 남편이 제정신이 아닌데 정말 무슨 일이라도 벌이면 어떡하나 싶었겠죠.

사실 혜경궁 홍씨가 걱정한 건 남편인 세자보다 열한 살 난 아들 이산이었습니다. 혜경궁 홍씨는 세자의 비행과 언사가 아들에게 영향을 미치면 어쩌나 하는 생각을 했습니다. 그래서 이 사실을 알려야겠다고 마음먹고 시어머니인 영빈 이씨에게 고합니

장면 9. 내 생애 최고의 날

다. 그런데 며느리의 말을 들은 영빈 이씨는 '아이고, 내 미친 아들이 내 남편, 임금을 죽이면 어떡하나'라는 생각에 이 사실을 영조에게 일러바친 겁니다. 결국 세자 이선은 자식을 살리려는 부인한테 버림받고 남편을 살리려는 어머니에게도 버림받은 천하의 불쌍한 사람이라고 볼 수 있습니다.

영빈에게서 이야기를 들은 영조는 '이것은 폐세자로 끝날 일이 아니다. 뭔가 본때를 보여야겠어' 하고 생각합니다. 한여름에 전쟁 나가는 장수처럼 옷을 차려입고 칼을 찬 후 아버지 숙종의 묘에 가서 다짐을 하죠. '아바마마, 제가 오늘 역적 한 놈을 처단하겠습니다.' 그러고는 굳은 마음으로 세자를 부릅니다.

먼저 영조는 세자에게 자살을 하라고 명합니다. 그랬더니 이선이 처음에는 "아바마마, 살려주십시오. 소자가 잘못했습니다"라며 싹싹 빕니다. 이 상황이 『한중록』에 기록되어 있는데, 담장 밖에 있던 혜경궁 홍씨의 귀에 '쿵, 쿵, 쿵' 하는 소리만 들리더랍니다. 이 소리는 영조가 세자를 꿇어 앉혀 놓고 칼로 바닥을 계속 내리치는 소리였습니다. 쿵쿵 소리는 마치 혜경궁 홍씨의 심장을 후벼 파는 것처럼 들렸을 겁니다.

이런 상황에서 열한 살 이산이 뛰어 들어가요. "할바마마, 우리 아버지 좀 살려주세요. 제발 살려주세요." 하지만 영조는 매정하게 외칩니다. "내쳐라!" 어린 이산은 강제로 끌려 나갑니다. 그 모습을 보는 아버지 이선의 심정이 어땠겠습니까? 어린 자식 앞에서 얼마나 부끄러웠을까요? 게다가 땀이 비오듯 쏟아지는 그 더운 여름에 하루 종일 그러고 있으니 몸도 마음도 얼마나 힘들고 지쳤겠습니까? 무섭기도 했을 테고요. 그래서 이선이 "알겠습니다. 소자가 죽으면 될 일 아닙니까?" 하면서 벽을 향해 뛰어가 머리를 그대로 벽에 박았습니다. 그런데 신하들이 세자를 몸으로 막는 바람에 죽지 않았죠. 그래서 신하들을 뿌리치고 끈을 가져다 목을 맵니다. 하지만 이번에도 달려들어 말리는 신하들 때문에 죽지 못했습니다.

그런데 신하들이 '비행 10계'를 올릴 때는 언제고, 지금은 왜 세자를 말리는 걸까요? 첫 번째 이유, 세자가 스스로 자결하는 모습을 신하가 그냥 바라보고만 있는 것은 불충이죠. 두 번째 이유, 세자 이선이 죽지 않고 왕위를 물려받을 경우를 생각한 겁니다. "왜 그때 과인을 말리지 않았는가?"라고 물으면 그 뒷감당을 어떻게 하겠습니까?

　　결국 이렇게 하루 종일 세자는 죽으려고 하고 신하들은 뜯어말리는 기괴한 상황에서, 영조가 엄청난 명을 내립니다. 뒤주를 가져오라고 한 것이죠. 그러고는 그 더운 날, 쌀을 담는 뒤주에다 세자인 아들 이선을 구겨 넣어버립니다.

　　세자는 뒤주에 들어갈 때 자기가 죽을 거라고는 생각을 못했습니다. "야, 이놈들아! 내가 죽으러 들어가는 것 같으냐? 절대 아니다! 다시 나와서 이 나라의 임금이 될 게야!" 하며 큰소리쳤다고 하죠. 처음에는 주변 사람들이 더위를 조금이나마 식히라며 뒤주의 좁은 구멍으로 부채도 넣어주고 물도 넣어주고 했어요. 그런데 이 사실을 안 영조가 아예 뒤주를 짚으로 덮어 아무것도 주지 못하게 했습니다. 그 안에서 일주일 동안 부채로 자신의 오줌을 받아먹으며 겨우 연명하던 세자는 배고픔, 탈진, 폐쇄공포증 등으로 죽게 됩니다. 이것이 바로 아버지가 아들을 죽인 사건, 조선왕조 500년 최대의 비극이자 최대의 스캔들인 사도세자의 죽음입니다.

영조는 세자가 뒤주에 갇혀 죽기 전에 세자를 폐서인하여 일반인으로 만들어버립니다. 그 이유는 무엇일까요? 왕의 후계 자인 세자의 신분으로 죽일 수는 없었기 때문입니다. 그래서 일반인으로 강등시킨 후 아들을 죽인 것입니다. 그러면 자연히 세자의 아들 이산은 서인庶人, 일반 평민의 자식이 되죠. 더욱이 아버지가 역적으로 몰려 죽임을 당했으니 그냥 서인의 자식이 아니라 역적의 자식이 되는 것입니다. 역적의 자식은 왕이 될 수가 없었고, 그래서 이산은 혜경궁 홍씨와 함께 궁궐에서 쫓겨났어요. 그런데 영조에게 더 이상 아들이 없으니 대안이 없잖아요? 그래서 신하들의 만류에도 불구하고 다시 혜경궁 홍씨와 이산을 궁궐로 불러들입니다.

다시 궁으로 들어온 며느리에게 영조가 묻습니다. "마음이 어떠하냐?" 혜경궁 홍씨는 솔직한 심정으로는 시아버지를 붙잡고 원망을 하고 싶었을 겁니다. "아버님 때문에 제 남편이 그리도 비참하게 죽었지 않습니까?"라고 따지고 싶었겠죠. 하지만 혜경궁 홍씨는 그러지 않았습니다. 임금 앞에서 몸을 낮추고 "전하의 하해와 같은 성은에 저희 모자가 목숨을 구제하고 살고 있습니다. 모든 게 다 전하의 성은입니다"라고 답했습니다. 그러자 영조는 "내가 그 일 때문에 미안하고 마음이 아팠는데, 네 얘기를 들으니 더욱 안쓰럽구나. 알았다"고 하며 이산을 세손으로 책봉했습니다. 혜경궁 홍씨의 말이 아들 이산을 살린 셈입니다.

그런데 중요한 건 역적의 아들은 왕이 될 수 없으니, 호적을 바꿔야 하겠죠. 영조에게는 이선이 태어나기 전에 죽은 아들 효장세자가 있었습니다. 그래서 이산은 사도세자의 자식이 아닌 효장세자의 자식으로 입적해 세손으로 책봉된 후 본격적으로 세손 수업을 받을 수 있게 되었습니다.

그런데 노론 세력의 입장은 어땠을까요? 만약 이산이 임금의 자리에 오르면 자신들은 다 죽는 것입니다. 이산 입장에서 노론은 아버지를 죽인 원수인데 가만둘 수 있겠습니까? 그리고 또하나, 옛날 연산군의 일화를 떠올려봅시다. 연산군이 여섯 살 때 어머니가 세상을 떴는데, 연산군은 어머니가 죽었는지도 모르고 있다가 왕이 되고 나서야 어머니의 죽음에 얽힌 이야기를 알게 되었습니다. 그런데도 그 피비린내 나는 참사가 벌어졌는데, 사도세자가 뒤주에 갇혀 죽을 때 이산은 열한 살이었습니다. 그 나이면 더 기억하고 한창 예민할 때죠. 게다가 이산은 현징에 있었고 상황을 잘 알았습니다. "이런 사람이 왕이 되면 분명 피바람이 분다. 나라를 위해서, 종묘사직을 위해서, 그리고 우리의 목숨을 위해서 절대 이산은 왕이 되면 안 된다"는 게 노론의 입장이었어요. 그래서 이산의 세손 시절부터 끊임없이 협박하고 죽이려 들고 영조에게 온갖 헛소문을 고해바치며 왕위에 오르는 것을 방해합니다.

그런데 이산은 이런 방해와 억압과 모함들을 모두 이겨내고 임금의 자리에 오릅니다. 게다가 왕이 된 후에도 폭군이 되지 않고 많은 업적을 쌓은 성군으로서 역사에 이름을 남겼습니다. 어떻게 그게 가능했을까요? 이산과 연산군의 차이는 어디에서 찾을 수 있을까요?

장면 9. 내 생애 최고의 날

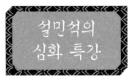

🏵 나경언의 고변

1762년(영조 38년) 음력 윤 5월, 형조판서 윤급(尹汲)의 종인 나경언이라는 사람이 역모를 고변했습니다. 사실 당시의 고변은 노론의 김한구·김상로·홍계희 등이 나경언을 사주하여 발발한 것이었죠. 역모를 고변한다고 했으나 실상은 사도세자의 비행을 과장해 고발함으로써 사도세자를 위협하려는 목적이었습니다.

그렇다면 나경언이란 사람은 어떻게 되었을까요? 영조는

세자의 비행을 고변하는 나경언의 이야기를 듣고 그를 칭찬하였으며, 반대로 세자의 비행을 보고하지 않은 신하들을 꾸짖었습니다.

"나경언이 어찌 역적이겠는가? 오늘의 조정의 신하들의 치우친 논의가 도리어 부당(父黨)·자당(子黨)이 되었으니, 조정의 신하가 모두 역적이다."

_『영조실록』99권, 38년(1762년) 윤 5월 6일

하지만 남태제가 나경언은 세자를 모함한 대역 죄인이라고 주장했고, 영조도 이에 동의했습니다.

"네가 나라를 위해 이처럼 진달하였으니, 그 정성은 가상하다. 그러나 처음 올린 글에 부언(浮言)을 만들어 사람을 악역(惡逆)의 죄과로 모함하였고, 또 '변란이 호흡 사이에 있다'는 등의 말로 임금을 공동(恐動)시켜 궐문을 호위까지 하게 하고 도성이 들끓게 하였으니, 이후 불궤한 무리들이 다시 네 버릇을 본받게 될 것이다." 하고, 이에 엄형하기를 명하였다.

_『영조실록』99권, 38년(1762년) 5월 22일

결국 세자의 비행을 고변한 나경언은 참형에 처해지게 되었습니다. 이 사건은 결과적으로 조선 최대의 왕실 비극의 단초가 되었습니다.

✸ 임오화변과『임오일기』

임오화변(壬午禍變)은 1762년(영조 38년) 음력 윤 5월(양력 7월), 사도세자가 아버지인 영조에 의해 뒤주에 갇혀 죽은 사건을 말합니다. 임오년에 일어났기 때문에 임오화변, 혹은 임오옥이라고도 합니다. 그런데 당시 사건에 대해『조선왕조실록』에는 자세히 기록되어 있지 않습니다.『영조실록』이 사도세자의 아들인 정조 대에 편찬되었기 때문입니다. 게다가『한중록』의 저자인 혜경궁 홍씨는 당시 사도세자가 뒤주에 갇힌 현장에 들어갈 수 없었기 때문에『한중록』에도 이날의 사건에 대한 자세한 서술은 찾아볼 수 없습니다.

대신『임오일기』를 통해 비극의 그날을 파악할 수 있는데,『임오일기』는 승정원 주서(7품)였던 이광현의 일기입니다. 2000년도에야 그 존재가 알려졌으며, 한국정신문화연구원(현 한국학중앙연구원) 장서각에서 발견되었습니다. 이광현이 임오년의 여러 기록들을 모아 만든 이 책은 사도세자가 죽는 과정을 자세히 다루고 있습니다. 또한 이 책을 통해 사도세자가 갇힌 뒤주의 너비와 높이가 각각 160센티미터 정도였음을 알 수 있게 되었습니다.

❀ 죽은 아들을 향해 부른 이름, 사도(思悼)

사도세자의 본래 이름은 '이선'입니다. '사도'라는 이름은 사망한 후 아버지 영조가 내린 이름이죠. 사도세자가 죽은 그날, 영조는 아들의 죽음을 전하면서 동시에 이름을 내렸습니다.

"이미 이 보고를 들은 후이니, 어찌 30년에 가까운 부자간의 은의(恩義)를 생각하지 않겠는가? 세손(世孫)의 마음을 생각하고 대신의 뜻을 헤아려 단지 그 호(號)를 회복하고, 겸하여 시호(諡號)를 사도세자(思悼世子)라 한다."

_『영조실록』39권, 영조 38년(1762년) 윤 5월 21일

장면 9. 내 생애 최고의 날

장면 10.

대부 大父

과인은 사도세자의 아들이다!

"과인은 사도세자의 아들이다!"

이 한 마디를 정조는 14년 동안 수천 번, 수만 번 삼키고 또 삼켰다. 할아버지를 위해 삼켜야 했고, 자신을 살리기 위해 남편을 포기한 어머니를 위해 삼켜야 했다. 어쩌면 자신을 살리기 위해 죽음을 받아들인 아버지를 위해서였는지도 모른다. 그렇게 정조는 모르는 척, 못 들은 척, 못 본 척 모든 것을 속으로 삭이고 참으면서 지내왔다.

그리고 드디어 임금의 자리에 오르는 그날, 정조는 오랜 세월 담아두었던 그 말을 모두가 보는 앞에서 외쳤다. 그토록 하고 싶었던 말이었지만 정조는 흥분하지 않았고, 과하게 목소리를 높이거나 얼굴을 찡그리지도 않았다. 하지만 정조의 눈빛과 목소리에는 확고한 의지가 담겨 있었다. 이제 이 자리에 있는 그 누구도 사도에 대해 어떤 말도 할 수 없으리라. 사도를 욕하는 자는 곧 왕을 욕하는 것이다. 사도를 부정하는 자는 왕도 부정하는 것이다. 그렇게 정조는 다시 아버지를 찾은 기분을 만끽했다.

아버지 사도세자가 뒤주에서 죽어가던 그 8일을 정조는 아직 생생하게 기억하고 있다. 어린 이산은 앞으로 자신의 삶에 가장 힘든 8일이 되리라 생각했다. 하지만 역적으로 몰려 죽은 아비를 둔 아들은 살아도 사는 것이 아니었다. 영조는 어떻게든 손자를 보호하려 애를 썼다. 그것이 죽은 아들, 아니 자신이 죽인 아들에게 해줄 수 있는 아비로서의 마지막 선물이라 생각했을 것이다.

그러나 다른 사람들의 생각은 달랐다. 사도의 아들이 살아 있는 것, 사도의 아들이 세손의 자리에 오른 것, 그것만으로도 자신들에게 큰 위협이라고 생각했다. 세손 이산은 아버지의 죽음으로 인한 슬픔이 채 가시기도 전에 수많은 협박과 위협을 견뎌야만 했다. 밤이 오는 것이 싫었다. 뜬눈으로 밤을 지새우다가 새벽 닭이 울어야 잠이 드는 날이 많았다. 그렇게 세손 시절은 아버지의 8일, 그 이상으로 힘들고 외로웠다.

정조는 다시 생각에 잠겼다. 세손 시절 자신이 맞닥뜨렸던 일들은 어린 나이에 감당하기 힘든 일이었음이 분명했다. 그럼에도 불구하고 오늘 이 자리에 있을 수 있었던 것은 아버지를 지켜 드릴 수 없었던 어린 자신에 대한 원망 때문이었다. 아버지에 대한 미안함의 끝에는 자신이 없었더라면 아버지가 살 수도 있었을지 모른다는 생각도 있었다. 그럴 땐 살아 숨을 쉬는 것조차 죄스러웠다.

그렇다고 정조가 죄스러운 마음, 원망만으로 살았던 것은 아니다. 어린 세손이 받았을 상처를 할아버지인 영조는 아비의 몫까지 다하여 보살폈다. 세손으로서 할 일에 대해서는 엄격했지만, 보통 영조는 손자에게 관대했고 자신이 사랑하고 있음을 항상 보여주려 노력했다. 혜경궁 역시 그랬다. 혜경궁에게 세손은 남편을 포기하고 살린 귀한 아들이었다. 어린 아들의 상처를 보듬고 감싸는 데 온갖 정성을 쏟아부었다. 그렇게 이산은 할아버지와 어머니의 사랑과 관심으로 원망과 후회를 보듬으며 훌륭한 왕으로 자랐다.

"과인은 사도세자의 아들이다!"

정조는 긴 침묵 끝에 짧고 강한 한 마디를 던지고 다시 침묵했다. 그리고 그 자리에 모인 사람들을 둘러보았다. 누군가는 앞으로 자신에게 닥칠 재앙에 두려워하고 있었다. 다른 누군가는 어쩌면 새로운 기회가 열릴 수 있겠다는 희망을 갖고 있었다. 하지만 어느 쪽이든 속내가 밖으로 새어나오지 않게 하려고 안간힘을 쓰는 것이 보였다. 정조는 수많은 생각이 그 자리에 모인 사람들 사이에 오가는 것을 보았다. 정조의 단 한 마디는 태풍, 홍수, 그 어떤 자연재해보다 더 큰 파장을 불러왔다.

그러나 정작 정조는 다른 생각을 했다. 이제 아버지를 마음 놓고 그리워할 수 있었다. 그리고 아버지가 꿈꿨을 세상을 머릿속에 그려보았다. 서로 싸우지 않고 평화롭게 살아가는 풍요로운 이상 세계, 그것을 위한 커다란 첫발을 정조는 구상하고 있었다.

설민석의
역사 특강

　정조의 아버지는 사도세자였습니다. 그런데 그 아버지의 아버지인 영조가 너무 불통의 교육을 하는 바람에 결국 아버지와 아들의 대화는 단절되고, 그 결과 아들은 정신병에 걸리게 됩니다. 그리고 병이 점점 깊어져 해서는 안 될 말을 하고 말았습니다. 아버지를 해치겠다고 이야기한 것이죠. 이 말을 전해 들은 아버지 영조는 아들을 죽이기로 마음먹었습니다. 아버지가 아들을 죽인다기보다는 임금이 역적을 처단한 셈이 되는 거죠. 결국 사도세자는 뒤주에 갇혀 목숨을 잃게 됩니다.

그렇게 역적으로 몰려 죽은 사도세자의 아들이 이산(훗날의 정조)인데, 이산은 당연히 궁궐에서 쫓겨나고 왕이 될 수가 없겠죠. 하지만 대안이 없으니 영조는 다시 이산을 궁으로 불러들여 세손 수업을 시켰습니다. 그런데 역적의 아들로는 왕이 될 수 없으니, 이산을 사도세자의 배다른 형이었던 죽은 효장세자의 자식으로 입적시켰습니다.

사도세자가 병증을 보이자, 세자에게 왕위를 맡겨서는 안 되겠다고 생각한 집권 세력인 노론은 끊임없이 영조에게 사도세자의 비행을 고했고, 결국 그것이 사도세자의 죽음으로 이어지게 됩니다. 그렇다면 노론 세력은 세손 이산이 왕이 되는 것을 바랐을까요? 결코 바라지 않았겠죠. 이산이 왕이 되는 순간 다 죽는다는 생각에 세손을 위협하기 시작합니다.

"역적의 아들은 왕이 될 수 없다!" 이산은 이런 협박 편지를 많이 받았다고 합니다. 얼마나 무서웠겠습니까. 그런데 이산은 실력을 쌓으며 위기를 극복하고 기회로 삼습니다. 역사를 살펴보면 소위 성공을 하고 꿈을 이룬 인물들은 확실히 다릅니다. 위기를 기회로 바꾸는 능력, 끈기가 있죠. 조선 개국 공신인 정도전도 그랬습니다. 정도전은 고려 말에 10년 정도 유배를 가서 정치 생활이 끝났다고 생각했습니다. 그런데 유배지에서 백성들의 어려운 상황을 몸소 체험하게 되죠. 그래서 훗날 조선이 건국한 뒤에 백성들의 입장에서 조선을 구상한 인물이 될 수 있었습니다.

이산 역시 위기를 기회로 바꾸는 능력을 갖고 있었습니다. 협박을 많이 받다 보니 무서워서 잠을 제대로 잘 수 없었고 옷을 벗을 수도 없었습니다. 항상 옷을 입고 잠자리에 들었는데 그나마도 첫 닭이 울어야 잘 수 있었다고 합니다. 자객이 나타날까 염려했기 때문이죠. 세손 이산은 두려운 밤시간을 글을 읽으며 자기 수련의 시간으로 전환했고, 이것이 이산을 천재로 만드는 원동력이 되었습니다.

세종대왕과 정조를 많이 비교하는데, 세종대왕이 타고난 천재에다 어렸을 때부터 심각한 활자 중독증을 앓았던 왕이라면, 정조는 처한 환경이 그를 천재로 만들었다고 볼 수 있습니다. 학문을 연구하지 않으면, 글공부를 열심히 하고 성실하게 세손 수업을 받지 않으면 죽을 수밖에 없는 상황이었으니까요. 그래서 정조는 환경이 만들어낸 후천적 천재라고 보면 되겠습니다.

정조는 세손 시절에 굉장히 처신을 잘했죠. 첫째, 학문을 게을리하지 않았고, 둘째, 몸을 낮췄습니다. 조선의 역사를 살펴보면 훌륭한 왕들의 공통점을 찾아볼 수 있습니다. 겸양지덕(謙讓之德)이죠. 스스로 몸을 낮추고 절대로 정치색을 드러내지 않습니다. 그래서 이산은 당당하게 왕이 될 수 있었던 겁니다.

자, 이산이 임금의 자리에 올랐습니다. 그럼 이제 조정에 피바람이 불 차례겠죠. 아버지를 죽음으로 몰아갔던 노론, 또한 그 노론이 자신이 왕이 되는 것 역시 극심히 방해했었습니다. 그러니 그들에게 피의 복수를 해야 하지 않겠습니까? 정조가 단순히 정적인 노론을 다 처벌한다면 연산군처럼 폭군이 되는 겁니다. 하지만 정조는 개인적인 분노를 삭이고, 오히려 성군, 애민의 군주로 거듭나게 됩니다. 그렇다면 그렇게 성군으로 거듭날 수 있었던 그 이유는 무엇일까요?

연산군은 억울하게 어머니를 잃었고, 정조는 억울하게 아버지를 잃었습니다. 그런데 비슷한 상황에 처한 두 임금이 한 사람은 폭군으로, 한 사람은 성군으로 역사에 기록되었습니다. 왜 그럴까요? 그것은 바로 사랑입니다. 연산군은 사랑을 받지 못했습니다. 연산군의 어머니인 폐비 윤씨는 연산군이 어렸을 때 폐비가 되고 이후 사약을 받아 죽음을 맞습니다. 연산군에게는 사랑을 줄 어머니가 없었고, 아버지 성종은 이 일을 입 밖에 내지 말라고 했습니다. 어린 연산군이 어머니에 대해 아버지에게 물어보면 야단을 쳤습니다.

또한 궁녀와 내시들은 왕이 무서워서 연산군을 외면했습니다. 그러니까 연산군은 어려서부터 소통하고 대화할 사람이 없었죠. 철저히 외톨이였습니다. 그런 사람이 임금의 자리에 올랐으니 독단적이고 폭군이 될 수밖에 없었죠. 어머니가 없고 아버지가 아들을 외면하는 상황이라면 할머니라도 연산군을 받아주며 사랑해줘야 했는데, 연산군의 할머니 인수대비는 연산군을 몹시 미워했습니다. "난 널 보면 네 어미가 생각나서 싫다. 다른 후궁의 자식이 세자가 됐으면 좋겠어." 철저하게 사랑받지 못한 사람이 왕이 되었을 때 폭군이 탄생하는 것입니다. 사랑을 받아본 사람만이 다른 사람에게 사랑을 베풀 수 있죠.

하지만 정조는 어머니 혜경궁 홍씨의 지극한 사랑을 받고 자랐습니다. 어머니는 정조를 붙잡고 그렇게 얘기합니다. "할아버지를 이해해야 합니다. 노론도 용서해야 하고요." 또한 일찍이 세상을 떴지만 아버지 사도세자도 어린 이산을 무척이나 아꼈습니다. 이선의 아들 사랑은 유별났습니다. 이선이 어떤 사람입니까? 자신의 후궁을 주먹으로 때려죽이고, 그 사이에서 낳은 아들을 기절시켜 연못에 던져버린 인물입니다. 그런데도 이산은 그렇게 아끼고 좋아했습니다.

이선이 어느 날 잠을 자다가 벌떡 일어나서 꿈에 용을 봤다면서 이불에다 붓으로 용을 그리고 그것을 벽에 걸어놨습니다. 그런데 그 꿈을 꾸고 얼마 안 되어서 혜경궁 홍씨가 태기를 보인 겁니다. 태몽을 꾼 거죠. 그렇게 태어난 아이가 이산입니다. 그래서 이선이 정신이 나갔다 들었다 하는 와중에도 제정신이 돌아오면 아들 이산만 찾았다고 합니다. 업고 물고 빨고, 정말 지극한 사랑을 보였다고 합니다. 이렇듯 정조는 어린 시절 아버지의 사랑을 듬뿍 받고 자랐습니다. 여기에 정조를 그 누구보다 사랑했던 사람이 바로 할아버지 영조입니다. 영조는 아들을 죽음에 이르게 할 만큼 아들 사도세자와는 최악의 관계였지만, 손자 이산은 정말 사랑했습니다.

이처럼 정조는 어렸을 때부터 꾸준히 대화할 수 있는 상대가 있었고, 자신이 사랑받고 있음을 충분히 느끼고 자랐습니다. 자신의 말을 들어주고 따뜻한 사랑을 베풀어준 부모님과 할아버지가 있었던 거죠. 이 차이가 연산군과 정조가 임금으로서 완전히 다른 길을 걷게 된 가장 큰 이유가 되었습니다.

우리가 역사를 공부하는 이유는 다양합니다. 우리의 뿌리를 공부하는 일이기도 하고, 물론 시험을 위해서 공부하기도 합니다. 무엇보다 역사를 공부하는 가장 중요한 이유는 선조들의 모습을 통해 현재의 우리가 깨닫고 배워야 할 것이 많기 때문입니다. 특히 과오를 다시 반복해서는 안 된다는 점을 가슴 깊이 새겨야 합니다.

영조와 사도세자, 정조의 3대를 잇는 비극적인 역사를 통해 우리는 무엇을 느끼고 배워야 할까요? 페이스북, 트위터, 인스타그램과 같은 SNS를 많이들 하는데, SNS는 바로 소통입니다. 인터넷을 통해 나와 타인의 생각과 일상을 서로 나누는 것이죠. SNS가 인기를 끌게 된 것은 그만큼 인간은 타인과의 소통을 원하고 필요로 하기 때문입니다. 소통이 이루어져야 서로 아끼고 사랑하고 이해하는 마음이 생기는 겁니다.

그런데 사람과 사람 사이에 소통, 대화가 단절되면 어떻게 될까요? 천륜이라고 하는 부모와 자식 사이에서도 영조와 사도세자의 비극처럼 끔찍한 일들이 벌어질 수도 있습니다. 200년이 훨씬 넘은 지금 이 시점에 우리가 다시 영조, 사도세자, 정조, 이 '비극 3대'의 일을 되짚어보는 것은, 아무리 가까운 관계라도 서로 소통하고 사랑을 주고받아야 한다는 것을 배우기 위함입니다.

불통은 역적을 낳고 폭군을 낳습니다.
소통은 충신을 낳고 성군을 낳습니다.

그리고 사랑을 받아본 사람이 사랑을 베풀 수 있습니다.

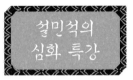

🏵 영조의 한결같은 손자 사랑

영조는 사도세자가 죽은 뒤 세손(훗날 정조)을 동궁으로 삼
고 후계자로서 인정하고 싶었습니다. 그러나 사도세자가 폐서인
으로 강등되고 비극적인 죽음을 맞이했기 때문에 역적의 아들인
세손이 왕위에 오를 수 없었습니다. 따라서 세손 이산을 요절한
맏아들 효장세자의 아들로 입적시킴으로써 세손을 명실상부한
왕위계승자로 세웠습니다.

세손의 친부가 사도세자인 것은 변치 않는 사실이었지만, 그럼에도 불구하고 영조는 한결같은 손자 사랑을 보여주었습니다. 세손은 어릴 때부터 총명했기 때문에 할아버지 영조의 사랑을 듬뿍 받았습니다. 아들에게 기대했던 성군의 자질이 손자에게서 드러나 보였기 때문입니다.

⊛ "과인은 사도세자의 아들이다!"

1776년 3월 10일, 조선의 제22대 임금인 정조는 즉위하던 날 다음과 같이 이야기를 합니다.

"아! 과인은 사도세자(思悼世子)의 아들이다. 선대왕께서 종통(宗統)의 중요함을 위하여 나에게 효장세자(孝章世子)를 이어받도록 명하셨거니와, 아! 전일에 선대왕께 올린 글에서 '근본을 둘로 하지 않는 것(不貳本)'에 관한 나의 뜻을 크게 볼 수 있었을 것이다."

_『정조실록』 1권, 즉위년(1776년) 3월 10일

효장세자의 아들로 입적하여 왕위에 오른 정조가 임금으로서 내뱉은 첫 마디가 바로 "과인은 사도세자의 아들이다!"였습니다. 사도세자가 죽었을 때 정조의 나이는 열한 살이었습니다. 그 후로 아버지에 관한 이야기를 입 밖에 낼 수는 없었지만, 정조는 항상 아버지를 기억하고 있었으며, 임금의 자리에 오르자마자 본 인이 '사도세자의 아들'임을 대대적으로 천명한 것이죠.

정조는 왕위에 오르자마자 아버지 사도세자를 위해 여러 작 업에 착수합니다. 즉위 10일 후에 사도세자의 호를 '장헌'으로 높 였고, 영조의 능을 참배하면서 동시에 사도세자의 능을 참배하기 도 했습니다.